जुनून

राम प्रताप सिंह

Made with ♥ on the Notion Press Platform
www.notionpress.com

BE BOLD WHAT YOU STAND FOR

"कौन कहता है आसमां में सुराग नहीं होता, जरा एक पत्थर तो तबीयत से उछालो यारो।" – कवि दुष्यंत

क्रम-सूची

क्रम-सूची

क्रम-सूची

प्रस्तावना

जुनून एक अरबी भाषा का शब्द है जिसका अर्थ है -पागलपन, उन्माद, दीवानापन,नशा, लगन, किसी वस्तु या चीज़ को पाने की अत्यधिक धुन ,ईश्वर के प्रेम में तल्लीनता इश्क़, विक्षिप्तता, ग़ुस्सा, तैश, अत्यधिक क्रोध, इत्यादि | जुनून सकारात्मक या नकारात्मक,निर्माणकारी या विध्वंसकारी दोनो हो सकता है |

जुनून वो उद्दाम इच्छा है जो एक इंसान के सीने में सुसुप्त ज्वालामुखी की तरह अंदर ही अंदर आग सुलगाती रहती है, आग का दरिया बहता रहता है| जब ज्वाला धधकने लगती है तो धरती का सीना चीरकर लपटें बाहर निकलने लगती हैं, लावा बह निकलता है| तभी लोगों को उसकी गर्मी और ताकत का एहसास होता है| यही जुनून है जो इंसान के सीने धधकता है|

इस शब्द का प्रयोग अलग अलग संदर्भों में अलग अलग तरीके से किया जाता है| मैंने प्रेरणादायक काहानियों के माध्यम से यह कहने की कोशिश की है कि एक इंसान के लिए जुनून के मायने क्या हैं| इस दुनिया का पूरा इतिहास ही इंसानी जुनून का गवाह है | आदिम अवस्था से आधुनिक इंसान बनने की कहानी जुनून से भरी पड़ी है | इस कहानी संग्रह की हर एक कहानी प्रेरणादायक है| इन कहानियों के माध्यम से आप जान पाएंगे कि विपरीत हालातों में भी आप अपने अंदर के जुनून की आग को कैसे जलाए रखें......

जुनून वैसे तो एक शब्द है पर पूरा एक जीवन है, जुनून सफल लोगों का गहना है, जुनून सफलता का पर्यायवाची है, जुनून कायरों के लिए दुर्लभ है, आम से खास बनाता हैं जुनून, आपको बदहाली से खुशहाली में बदलता है जुनून, अमेरिकी लेखक इस्साक असीमोव का है जुनून जिसने अपने जीवन में 500 से भी ज्यादा उपन्यास लिखे, राइट ब्रदर्स का हवाई जहाज है जुनून, एडिसन का बल्ब है जुनून, हैरिसन फोर्ड का मॉडल टी है जुनून, अदन की तेल कंपनी में काम करते हुए जामनगर गुजरात में रिफाइनरी तक पहुंचने वाले धीरूभाई अंबानी का है जुनून, मानव इतिहास का पहला आविष्कार का

पहिया है जुनून, चांद पर पहुंचा पहला व्यक्ति है जुनून, बार बार गिरकर भी उठना है जुनून, लोग कहते हैं कि नहीं कर सकोगे फिर भी कर दिखाना है जुनून, जिसने अकबर की अधीनता स्वीकार नहीं की और जीवन भर अपने स्वाभिमान के लिए लड़ते रहे उस महाराणा प्रताप का है जुनून , जिसने मुगल साम्राज्य की जड़ें हिला दी उस छत्रपती शिवाजी का है जुनून, जिसने नन्द वंश को उखाड़ फैंका उस चाणक्य का है जुनून, जिसने अंग्रेजों के दांत खट्टे कर दिए उस महारानी लक्ष्मी बाई का है जुनून , जिसने अंग्रेजों को भारत की आजादी के लिए मजबूर कर दिया उस सुभाष चंद्र बोस का है जुनून ,सियाचिन के ग्लेशियर में माइनस 50 डिग्री तापमान में भी जिंदा रहते हुए दिन-रात सीमा पर पहरा दे रहे भारत के जांबाज सैनिकों का है जुनून .... जुनून को शब्दों में नहीं बल्कि दिल की गहराइयों में महसूस किया जा सकता है|

मैंने इस कहानी संग्रह में जुनून की सकारात्मक कहानियों का ही उल्लेख किया है क्योंकि नकारात्मक या विध्वंसकारी जुनून तो इंसान के अंदर पहले से ही मौजूद है| बस दुनिया के चंद इंसान ही उसे सकारात्मक या निर्माणकारी बनाने में लगे रहते हैं| आइए जानते हैं कैसा होता है "जुनून" मेरी चंद कहानियों के माध्यम से| मुझसे पत्र व्यवहार का पता rps1959@gamil.com Mobile No 7000153809

भूमिका

राम प्रताप सिंह भारतीय सेना, मैकनाइज्ड इनफेन्ट्री रेजीमेंट व सीमा सुरक्षा बल में एक सैन्य अधिकारी थे | उन्हे सैन्य सेवा का 36 वर्षों का अनुभव है| उन्होंने A(English),LLM, PGDHR (Post Graduate Diploma in Human Rights), DLL&LW (Diploma in Labour Laws and Labour Welfare),Diplomaa in Cyber Laws, MDBA(Master Diploma in Business Administration)में मास्टर्स डिग्री व डिप्लोमा हासिल किया है | सैन्य सेवा से मुक्त होने के बाद उन्होंने वकालत का पेशा भी अपनाया | अब वह अपना पूरा समय पठन-पाठन व लेखन में देते हैं| "जुनून " हिन्दी भाषा मे लिखा गया उनका **24वांउपन्यास** है |

मुझे अच्छी तरह याद है – जब मैं 12 साल का था ,मेरे पिता दो या तीन महीने बाद छुट्टियों पर घर आते थे| वो मेरे लिए फल या मिठाई के साथ साहित्य की किताबें जरूर लाते थे| पिता के घर में कदम रखते ही मैं उनके बैग की तलासी लेने लगता था और जब मुझे कोई किताब मिलती थी तो मैं बहुत खुश होता था| उनमें ज्यादातर किताबें महापुरुषों की जीवनियां होती थी या प्रेरणादायक कहानी संग्रह | सन 1971 में भारत-पाकिस्तान का युद्ध हुआ| मुझे उस युद्ध की किताबें पढ़ने को मिली| मेरा मन सेना में जाने को मचल उठा पर मेरी उम्र अभी 12 साल ही थी | मेरे अवचेतन मन में सेना में जाने का विचार इतनी गहराई से बैठा कि मैंने उसे अपना जुनून बना लिया | और जब मेरी उम्र सेना में जाने लायक हुई तो मैं दिलो जान से प्रयास में लग गया| अंततः मुझे तीसरे प्रयास में सफलता मिली | मेरी कहानी कोई अनोखी नहीं है पर उन किताबों ने मेरे अंदर पढ़ने का जुनून पैदा कर दिया था और उसी का परिणाम है कि मुझे यह कहानी संग्रह लिखने की प्रेरणा मिली | यदि इस कहानी संग्रह को पढ़कर किसी को भी जीवन में कुछ अच्छा कर गुजरने की प्रेरणा मिल सकी तो मैं समझूँगा कि मेरा यह प्रयास सफल रहा|

पावती (स्वीकृति)

मेजर विक्रम ,मुझे एक पिता होने के नाते तुम पर गर्व है | तुमने वो कर दिखाया जिसका मैंने सपना देखा था | तुम्हारी मेहनत और जुनून रंग लायी और तुम वो बन सके जिसका सपना मैंने तुम्हें बचपन में दिखाया था | यह कहानी संग्रह तुम्हारी प्रेरणा और प्रोत्साहन का परिणाम है |सैलूट है तुम्हारे जज्बे और जुनून को |

1

जुनून क्या है ?

जुनून एक अरबी भाषा का शब्द है जिसका अर्थ है -पागलपन, उन्माद, दीवानगी, नशा, कुछ करने की लगन, किसी वस्तु या चीज़ को पाने की अत्यधिक धुन, इश्क़, विक्षिप्तता, ग़ुस्सा, तैश, बहुत अधिक क्रोध, ईश्वर के प्रेम में तल्लीनता इत्यादि|

जुनून वो उद्दाम इच्छा है जो एक इंसान के सीने में सुषुप्त ज्वालामुखी की तरह अंदर ही अंदर आग सुलगाती रहती है, आग का दरिया बहता रहता है| जब ज्वाला धधकने लगती है तो धरती का सीना चीरकर लपटें बाहर निकलने लगती हैं, लावा बह निकलता है| तभी लोगों को उसकी गर्मी और ताकत का एहसास होता है| यही जुनून है जो इंसान के सीने धधकता है|

जुनून सकारात्मक या नकारात्मक,निर्माणकारी या विध्वंसकारी दोनो हो सकता है | यदि इंसान का जुनून सकारात्मक है तो उसका परिणाम कल्याणकारी होगा और अगर नकारात्मक है तो विध्वंसकारी| मैं यहाँ सिर्फ निर्माणकारी जुनून के बारे में ही कहना चाहूँगा | इस शब्द का प्रयोग

अलग अलग संदर्भों में अलग अलग तरीके से किया जाता है| परंतु 'जुनून' शब्द की सार्थकता को और अधिक स्पष्ट करने के लिए मैंने सकारात्मक कहानियों का ही उल्लेख किया है जिन्हे पढ़कर आप स्वयं अंदाजा लगा लेंगे कि एक इंसान के लिए जुनून के मायने क्या हैं| इन कहानियों के माध्यम से आप जान पाएंगे कि विपरीत हालातों में भी आप अपने अंदर के जुनून की आग को कैसे जलाए रखें......

जुनून वैसे तो एक शब्द है पर पूरा एक जीवन है, जुनून सफल लोगों का गहना है, जुनून सफलता का पर्यायवाची है, जुनून कायरों के लिए दुर्लभ है, आम से खास बनाता हैं जुनून, आपको बदहाली से खुशहाली में बदलता है जुनून,अमेरिकी लेखक इस्साक असीमोव का है जुनून जिसने अपने जीवन के 72 वर्षों में 500 से भी ज्यादा उपन्यास लिखे, बिहार के गरीब मजदूर दशरथ मांझी का है जुनून जिसने 22 वर्षों में लगातार पहाड़ को काटकर सड़क बना दिया, राइट ब्रदर्स का हवाई जहाज है जुनून, एडिसन का बल्ब है जुनून, हैरिसन फोर्ड का मॉडल टी है जुनून, अदन की तेल कंपनी में काम करते हुए जामनगर गुजरात में रिफाइनरी तक पहुंचने वाले धीरूभाई अंबानी का है जुनून, मानव इतिहास का पहला आविष्कार का पहिया है जुनून, चांद पर पहुंचा पहला व्यक्ति है जुनून, अब्राहम लिंकन की तरह बार बार गिरकर भी उठना है जुनून, तैराक माईकल फ्लैप का है जुनून जिसने तैराकी में 23 गोल्ड मेडल जीते हैं,लोग कहते हैं 'नहीं कर सकोगे फिर भी कर दिखाना है जुनून',महाराणा प्रताप का है जुनून जिसने अकबर की अधीनता स्वीकार नहीं की और जीवन भर अपने स्वाभिमान के लिए लड़ते रहे, छत्रपती शिवाजी का है जुनून जिसने मुगल साम्राज्य की जड़ें हिला दी, चाणक्य का है जुनून जिसने नन्द वंश को मगध की सत्ता से उखाड़ फेंका, महारानी लक्ष्मी बाई का है जुनून जिसने अंग्रेजों की अधीनता स्वीकार नहीं कि और झांसी के स्वाभिमान के लिए अंतिम सांस तक लड़ती रही ,नेताजी सुभाष चंद्र का है जुनून जिसने अंग्रेजों को भारत को आजाद करने के लिए मजबूर कर दिया ,भारत के क्रांतिकारियों का है जुनून जिन्होंने देश की आजादी के लिए हँसते हँसते अपनी जवानी कुर्बान कर दी, भारतीय सेना के सैनिकों का है जुनून जो सियाचिन के ग्लेशियर में माइनस 50 डिग्री तापमान में

भी दिन रात पहरा दे रहे हैं .... जुनून को शब्दों में नहीं बल्कि दिल में महसूस किया जा सकता है| ये वो आग है जो जलती है तो बुझने का नाम ही नहीं लेती |आइए जानते हैं कैसा होता है जुनून चंद कहानियों के माध्यम से|

कहानी 1 –यह साहस और जुनून की एक बेहतरीन कहानी है । अरुणिमा सिन्हा, ऐसी शख़्सियत के बारे मे बता रहा हूँ जिन्होने यह सिद्ध कर दिया कि साहस और जुनून आपसे वह भी करवा लेता है जो आपके शरीर के बस मे नहीं । एक सेमिनार मे अरुणिमा सिन्हा (पर्वतारोही) ने अपनी जिन्दगी के संघर्ष और सफलता कि कहानी सुनाई उसी को मैं आपसे शेयर कर रहा हूँ।

उन्होने कहा मैं दो मौके कभी नहीं भूलती हूँ ....एक तब जब मैं हिमालय पर तिरंगा फहराकर कर लौटी थी और दूसरा हिमालय फतह से दो साल पहले मुझें ट्रेन से नीचे फेंक दिया गया था और मैंने अपना एक पैर खो दिया था । मैं कभी नहीं भूल सकती 2011 का वो दिन जब कुछ बदमाशों ने महज़ एक सोने कि चेन के लिए मुझे ट्रेन से धकेल दिया था । मेरी आँखों के सामने मेरे पैर के ऊपर से रात भर ट्रेन गुजरती रही और मैं दर्द से कराहती रही । रात भर ट्रैक पर पड़ी रही, चूहे मेरे पैर को कुतरते रहे| मैं बेहोश हो चुकी थी | सुबह गाँव वालों ने मुझे अस्पताल पहुंचाया। अस्पताल मे जब आँख खुली तो सभी लोग मुझे बड़ी दया भाव से देख रहे थे जो स्वाभाविक था। अगले दिन मैं अखवार कि सुर्खियों मे थी, लिखा था अरुणिमा सिन्हा सूइसाइड करने पहुची थी।

मेरे पैर के ऑपरेशन के बाद रिशतेदारों ने दुख जताना शुरू कर दिया कि अब इसकी शादी कैसे होगी ? जबकि मैं सोच रही थी कि ख़ुद को कैसे वापस पाऊँ ......कैसे अपना आत्मविश्वास वापस पाऊँ ...उसी अरुणिमा सिन्हा को पाऊँ जो उस दिन ट्रेन से लखनऊ से दिल्ली आ रही थी।

मैंने तय किया कि मैं “हिमालय की चोटी माउंट एवरेस्ट पर चढ़ूँगी” । ऑपरेशन के कुछ वक्त बाद मैंने प्रशिक्षण लेना शुरू कर दिया । लोगों ने मुझे पागल और सनकी कहा । तब बुरा लगता था पर वो मेरा “जुनून” था | आज खुशी होती है क्योंकि जो शख़्स अपने लक्ष्य के लिए पागल नहीं है वह उसे पा भी नहीं सकता ।

प्रशिक्षण के 8 महिनें बाद यह आलम हो गया कि 35 किलो वजन पीठ पर लादे मैं सबसे पहले हर पीक पर पहुँच जाती थी । लोग पूछते थे मैडम खाती क्या हो?

असल मे साहस और जुनून आपसे वह भी करवा लेता है जो आपके शरीर के बस मे नहीं। पूरा खेल दिल दिमाग और हौसलों का है।

यह मेरा पल पल का अनुभव है कि इंसान जो चाहता है वह पाने से उसे कोई नहीं रोक सकता । कई बार जब चढ़ाई के दौरान मेरा नकली पैर निकलकर अलग हो जाता था शेरपा कहता अरुणिमा जान बचाना है तो वापस चलो । मैं चुप रहती और आगे बढ़ जाती ।

एक दिन हमारे पीछे कोई भारतीय आया और उसने कहा अरे यह अरुणिमा है क्या ? शेरपा ने कहा हाँ ....उस शख़्स ने कहा अरे तुमसे तो सारा देश प्रोत्साहित हो रहा है । बस फिर क्या था जो दर्द था वह भी गायब हो गया। यहाँ से दो दिन बाद मैं पीक पर थी और यह एक वर्ल्ड रिकॉर्ड बन गया।

उन्होने अपने सेमिनार के समाप्ती पर कहा "मैं आज आप सब को एक ही संदेश देना चाहती हूँ कि इस कमी के बाबजूद अगर मैं हिमालय चढ़ सकती हूँ, तो आप भी कर सकतें है । फर्क सिर्फ़ साहस और जुनून का है|"

कहानी 2 – एक सैन्य अधिकारी ने अपने एक साथी की कहानी बताई "मेरे अकादमी में मेरा एक जूनियर था।मेरिट के आधार पर वायु सेना में उसकी भर्ती नहीं हुई। और आर्मी से एयर फोर्स में जाने के लिए उसे अपनी सर्विस के चार टर्म बाद मौका मिलता। पर उसमें भी होने की उम्मीद बहुत कम होती है।कभी कभी वो मुझसे उसके उड़ने की असीम चाह के बारे में बात करता था और उसे इस बात का बड़ा दुःख था कि एयर फोर्स की मेरिट लिस्ट में उसका नाम नहीं था।

खैर कुछ साल बाद उसने इंडियन मिलिट्री एकेडमी में प्रवेश लिया और वहां से निकल कर अपनी यूनिट में बतौर लेफ्टिनेंट ज्वाइन किया। पर अभी भी उसने अपने उड़ने का सपना छोड़ा नहीं था।

कुछ समय बाद उसकी सगाई हुई, पर कुछ दिक्कतों की वजह से शादी चल नहीं पाई। इन सब से अपना ध्यान हटाने के लिए उसने

बॉर्डर पर विषम परिस्थिति वाले इलाके में पोस्टिंग ले ली।एक साल बाद उसका मैसेज आया, कि उसने आर्मी एविएशन कार्प्स में ज्वाइन कर लिया है। उस दिन उसके मैसेज पढ़के मुझे बहुत खुशी हो रही थी।

अब वो नॉर्थ -ईस्ट थिएटर कमांड में हेलिकॉप्टर उड़ा रहा है। मुझे अपने बेस से बहुत से फोटो भेजता रहता है।मैं आपको ये तो नहीं बता सकता कि जुनून क्या है, कभी कभी ये आपको तोड़ देगा। पर सच में अगर आप अपने जुनून को जिंदा रखते हैं, तो आपको कोई दूसरा नशा करने की जरूरत नहीं पड़ेगी!

कहानी 3 – एक जुनूनी इंसान ने अपनी कहानी बताई-"जुनून आता है प्रेरणा से, ललक से, किसी चीज़ को पाने की चाह से। 2005 में मैं 17 वर्ष का था, मुझे एक लड़की से प्रेम था, शिद्दत वाला,तो उसे पाने का जुनून सर पर सवार हो गया| पर उसे पाना मेरे लिए असंभव था, पर जुनून तो था इसलिए मैंने सिंथेसाइजर और बांसुरी खरीद लाया, और बिना किसी की सहायता के बजाना शुरू कर दिया, और बहुत अच्छा भी बजाने लगा, जब बांसुरी या की बोर्ड बजा रहा होता था तो ऐसा लगता था वो मेरे आस पास ही है, तो उसे पाने की चाह ने मुझे जुनूनी बना दिया, और उस जुनून ने मुझे बांसुरी वादन, की बोर्ड बजाना, ज्योतिष शास्त्र आदि का अच्छा खासा ज्ञान करवा दिया, और आज 2020 में वो लड़की मेरी धर्मपत्नी है।

किसी भी बड़े लक्ष्य को पाने के लिए प्रयत्न करने के लिए जुनून का होना जरूरी है विशेषकर जब आप किसी कठिन कार्य को करने वाले हैं तो निश्चित रूप से आपको जुनून की अत्यावश्यक जरूरत होती है।किसी भी लक्ष्य को प्राप्त करने के लिए संघर्ष और कठिनाइयों का सामना करना पड़ता है और उसमें कई बार पराजय भी होती है ।लेकिन उस पराजय को जीत में बदलने के लिए अगर आपमें जुनून है, तो आप निश्चित रूप से अपना लक्ष्य प्राप्त कर सकते हैं।इसलिए अपने जुनून को पहचानिए और जिंदा रखिए|"

कहानी 4 -"**जुनून**" शब्द अब तक मेरे दिलो दिमाग में घर कर चुका हैं! बेहद विस्फोटक शब्द हैं, बचपन से इस शब्द को जानने के लिए परेशान रहता था । अब जाके आया मेरी समझ में।मुझे किताबें लिखने

और पढ़ने का जुनून है | मैंने पिछले 22 महीनों में 24 किताबें लिखी है| "जुनून" मेरी 24 वीं किताब आपके हाथ में है | जी हाँ, आपने सही समझा, मैं ही इस किताब का लेखक हूँ| मैं मानता हूँ मैं कुछ हद तक जुनूनी हूँ | पिछले एक साल में 84 किताबों की समरी कू कू एफ एम पर मैंने सुना है या किताबें पढ़ी है| यह सब कर दिखाया मेरे जुनून ने| मैं साहित्य का कोई महान लेखक या विचारक नहीं बल्कि एक विद्यार्थी हूँ| जो मन में आता है पढ़ता हूँ और लिखता हूँ| मुझे प्रसिद्धि की कोई लालसा नहीं है | बस मेरे जुनून ने मुझे आत्मसंतुष्टि दी है| मेरे अंदर की ज्वाला को मेरा जुनून जलाए रखता है| मुझे जीने का मकसद देता है|

कैसा जुनून? आखिर किस चीज़ के लिए जुनून? क्या ये वही जुनून हैं, जो सैदेव ही मुझे प्रेरित करता रहता है? जुनून कोई तोफहा तो नही दे सकता पर आत्मसंतुष्टि अवश्य दे सकता हैं।इस जुनून ने मुझे इस उम्र में बहुत कुछ दिया है | कुछ तो हैं, हमारे अंदर! मन बहुत कुछ ढूंढ़ना चाहता है। इसलिए ये जुनून को उत्पन्न करता रहता है।जीवन को गहराई से जानने का मेरा स्वयं का जुनून! चाहे जो भी हो! हर हाल में इस जूनून ने मुझे अपने चक्रव्यूह में फँसने और निकलने का रास्ता भी दिया है| यही है मेरा जुनून........

समर्पण और जुनून में अंतर :समर्पण में विवेक भावना से ऊपर ही रहता है । समर्पण में व्यक्ति खाना, नहाना इत्यादि भूलेगा नहीं, परन्तु खाते और नहाते समय भी लक्ष्य का चिंतन करेगा ।जुनून में भावना विवेक के ऊपर हो जाती है । जुनून में व्यक्ति खाना नहाना इत्यादि या तो भूल जायेगा या जरुरत महसूस नहीं करेगा।

अतीत में जितने भी बड़े काम हुए हैं, चाहे कोई बड़ा आविष्कार हुआ हो या कोई बड़ा युद्ध जीता गया हो, चाहे बहुत बड़ा साम्राज्य खड़ा किया गया हो या फिर कोई बहुत बड़ी नई खोज की गई हो...........इन सभी के पीछे एक ऐसी शक्ति है जो इंसानों को यह सब करने के लिए प्रेरित करती रहती है, उस शक्ति का नाम है - जुनून या लगन की शक्ति (The power of passion or diligence)

जुनून कैसे आता है :जब किसी चीज को करने की प्राथमिकता हमारे मन में सबसे ऊपर होती है, हम उसे टाल नहीं सकते, इसके पीछे कोई

प्रेरणा हो सकती है,किसी की कही कोई बात,या किसी के साथ किया कोई वादा हो सकता है| यह प्रेरणा हमारे अवचेतन दिमाग में जाकर कई गुना बड़ी हो जाती है और एक ऐसी तीव्र ऊर्जा का रूप ले लेती है जो उस काम को किये बिना शांत नहीं होती। इसी भावना और ऊर्जा के जोर से बहुत से लोग असाधारण काम को भी आसानी से कर जाते हैं। इसी भावना का नाम है जुनून|

जुनून का परिणाम क्या होता है? अगर आपको किसी बात या काम का जुनून हैं तो आप वो काम सदा के लिए करते रहोगे, फल की बिना अपेक्षा किए।तो अब आप यह कहोगे इसमे क्या अलग हैं यह तो हर किसी से सुना हैं,हर कोई जुनून को ऐसे ही बताता हैं ।तो अब यहीं पर असली बात छुपी हैं, हर किसी को जुनून क्या हैं वो सिर्फ़ उसे पता हैं पर वो उसको अपने निजी जिन्दगी में कैसे ढूंढे यह नहीं जान पाता।

सफलता की पूरी कहानी जुनून, हौसले और अनुभव पर टिकी है अर्थात **जूनून+ हौसला + अनुभव = सफलता**| जुनून आपसे वह करवाने की कोशिश करता है जो आप कर नहीं पा रहे हो। हौसला आपसे वह करवाता है जो करना चाहते हैं। अनुभव आपसे वह करवाता है जो आपको करना चाहिए।जुनून, हौसला और अनुभव का मिश्रण ही आपको सफलता के द्वार तक ले जाता है। तीनों में से एक का भी अभाव सफलता को संदिग्ध बना देता है। ये तीनों ही पड़ाव एक के बाद एक आते हैं। पहले दो पड़ाव में आपको जी तोड़ मेहनत करनी पड़ती है। अंतिम पड़ाव आपको सुकून देता है। लेकिन यह पहले दो पड़ाव की मेहनत को सफलता में बदलता है।

जुनून अत्यावश्यक है :जुनून कुछ अच्छा लिखने और पढ़ने का,जुनून कुछ सीखने का,जुनून कुछ नया आविष्कार करने का, जुनून लोगों को प्रेरणा देने का, जुनून समाज और देश की सेवा का,जुनून अपना कीमती समय सही जगह पर लगाने का| जुनून आपको पहचान देगा,जुनून आपकी अस्मिता को बनाए रखेगा | अब आपको तय करना है कि आपके अंदर कैसा जुनून है- मानवता के लिए निर्माणकारी या विध्वंसकारी......

2

रमेश भंगी,अनुवाद अधिकारी

"मंजिल उन्ही को मिलती है,जिनके सपनों में जान होती है|
पंख से कुछ नहीं होता,हौसलों से उड़ान होती है |"

70 के दशक की बात है, मैं रोज सुबह उठकर सुअर चराने जाता था। मां मैला ढ़ोने और साफ-सफाई का काम करती थी। पापा 9वीं पास थे, इसलिए वो चाहते थे कि हम लोग ये काम न करें। इसी वजह से पापा ईंट भट्टे में काम करते थे। मैं भी स्कूल से लौटते वक्त ईंट बनाने के लिए जाता था।

पहले मेरी जाति की वजह से स्कूल में एडमिशन नहीं हो रहा था और जब हुआ तो एक टीचर ने अपने घर पर बुलाकर मुझसे पूरे घर की साफ-सफाई करवाई। बाथरूम, टॉयलेट... सब कुछ साफ करवाया। आज भी लोग मुझसे नफरत करते हैं, मेरे हाथ से पानी भी नहीं पीते। हमें कुएं के किनारे से नीचे हाथ करके पानी पीना पड़ता था, ताकि पानी का छींटा कुएं पर न पड़ जाए। कुएं पर भी जाने की मनाही थी।

मैं रमेश भंगी, मिनिस्ट्री ऑफ होम अफेयर्स (गृह मंत्रालय) से बतौर सीनियर ट्रांसलेटर ऑफिसर के पद से 2018 में रिटायर हुआ हूं। उत्तर प्रदेश के बागपत जिले के बलखपुर गांव में वाल्मीकि समुदाय में पैदा हुआ।जातिगत भेदभाव और सामाजिक प्रताड़ना की वजह से छोटे से

कस्बे से ऑफिसर लेवल तक पहुंचना मेरे लिए आसान नहीं था।बचपन से लेकर अब तक मैंने भेदभाव के अनगिनत दंश झेले हैं। एक-एक कर अपनी पीड़ा बयां करने पर मेरे आंसू में ये शब्द मिल जाते हैं।

क्या किसी को अपनी जाति की वजह से नाम बदलना पड़ा होगा? क्या सरनेम की वजह से शर्मिंदगी महसूस करनी पड़ी होगी?अगर आप ये सवाल मुझसे पूछेंगे तो जवाब सिर्फ हां होगा...

मुझे अपना नाम एक-दो बार नहीं, तीन-तीन बार बदलना पड़ा... फिर भी लोग आज भी मुझसे घृणा करते हैं। लोग कहते हैं- ये कौन आ गया हमारी सोसाइटी में। हालांकि, इसी सोसाइटी ने हमारे काम को तय किया है, जिसे मुझे झूठा साबित करना था।

6 साल की उम्र में पापा मेरा एडमिशन करवाने के लिए गांव के एक स्कूल में लेकर गए थे। लेकिन एडमिशन नहीं हुआ, वजह मेरी जाति थी। फिर मैं अपनी बुआ के पास आ गया, एडमिशन फिर भी नहीं हुआ, यहां भी वजह मेरी जाति ही थी।मैं अपने गांव वापस आ गया। यहां चौपाल में एक नया स्कूल खुला, तो आखिरकार मेरा एडमिशन रमेश भंगी के नाम से हो गया। जब छठी क्लास में गया तो मुझे अपने नाम को लेकर अंदर-ही-अंदर घुटन होने लगी। स्कूल के बच्चे, टीचर मुझे भंगी कहकर बुलाते थे। इसके बाद मैंने अपना नाम रमेश चंद वाल्मीकि करवा लिया।

फिर 8वीं-9वीं में आने के बाद मुझे लगा कि ये नाम भी अच्छा नहीं है, क्योंकि वाल्मीकि सरनेम होने की वजह से लोग मुझे साफ-सफाई वाला कहते थे। फिर मैंने अपना नाम बदलकर रमेश चंद गहलोत कर लिया, लेकिन ये बात मेरे स्कूल टीचर को नहीं जमी।मुझे याद है- मैंने स्कूल टीचर से कहा था कि वो मेरा नाम बदलकर रमेश चंद गहलोत कर दें। सुनते ही टीचर आग-बबूला हो गए। उन्होंने बोला- गहलोत बनोगे...। उस वक्त नाम आसानी से चेंज हो जाते थे।

मैं सोचता था कि आखिर लोग मुझसे घृणा क्यों करते हैं? मेरे पास क्यों नहीं बैठना चाहते हैं। मुझे लगा कि हम लोग साफ-सफाई करते हैं, मैला ढ़ोते हैं। सुअर चराते हैं, पोर्क खाते हैं। शायद इसलिए वो घृणा करते हैं।

मैंने पोर्क खाना छोड़ दिया, साफ-सफाई करना भी बंद कर दिया। ये काम इसलिए छोड़ा, ताकि मेरे नाम के साथ ये न जुड़े कि अरे! ये तो भंगी है। लेकिन लोगों की मानसिकता इतनी आसानी से कहां बदली जा सकती है। इसलिए मैंने दुनिया की परवाह छोड़ दी और वापस अपने नाम में भंगी जोड़ लिया।एक वाकया मुझे याद है। एक टीचर बनारस से बागपत शिफ्ट हुए थे। उन्होंने अपने घर की साफ-सफाई करवाने के लिए मुझे बुलाया था क्योंकि मैं भंगी हूं। घर, बाथरूम... सब कुछ उन्होंने मुझसे साफ करवाया।

जब 17 साल का हुआ, तब मुझे पहली बार इंसान होने का एहसास हुआ। 11वीं क्लास में था, केमिस्ट्री लैब में प्रैक्टिस के दौरान टेस्ट ट्यूब टूट जाता था। तो एक दिन एक टीचर ने मुझे चप्पल पहनकर आने के लिए कहा क्योंकि टेस्ट ट्यूब का कांच पैर में चुभ जाता था। उस दिन पहली बार मैंने चप्पल पहनी।

उसी टीचर ने मेरा नाम लेते हुए मुझे एक ग्लास पानी लाने को कहा। उस दिन मुझे एहसास हुआ कि मैं भी एक जिंदा इंसान हूं। इससे पहले आज तक किसी ने मुझसे पानी तक नहीं मांगा था, क्योंकि लोग मुझे अछूत मानते थे| छुआछूत की भावना ऐसी रही कि पापा बताया करते थे कि जब वो 9वीं क्लास में थे, तो उनके टीचर उन्हें एक लंबी छड़ी लेकर पढ़ाते थे ताकि टीचर को उनके पास न आना पड़े।सामाजिक जद्दोजहद के बीच मैं डॉ. भीम राव अंबेडकर की कहानी, उनके संघर्ष को पढ़ते हुए बड़ा हुआ। इसी वजह से पढ़ने का चस्का लग गया, लेकिन घर की माली हालत ऐसी कि खाने के भी लाले थे। हालांकि, मेरी दादी दूसरे घरों में बच्चा पैदा होने के दौरान दाई का काम करने जाती थीं, इससे थोड़ा बहुत कुछ-न-कुछ खाने को मिल जाता था।

बात 1978 की है जब 21 साल की उम्र में मैं बागपत से दिल्ली आ गया था। यहां मैंने शुरुआत कबाड़ बीनने से की। कबाड़ में जो अच्छी किताबें लगती थी, मैं छांटकर रख लेता। कभी-कभी कबाड़ का मालिक डांटता भी था कि काम करने आए हो या पढ़ने?कबाड़ी के काम के बदले दूसरा काम भी चुन सकता था, लेकिन रहने-खाने की दिक्कत थी। इसलिए 4 साल तक कबाड़ इकट्ठा करने का काम किया। रोजाना 150

रुपए मिलते थे।

उसके बाद 1982 में कबाड़ का काम छोड़कर दिल्ली में बस कंडक्टर का काम करने लगा। यहां भी जाति ने मेरा पीछा नहीं छोड़ा। मैं बस कंडक्टर का रजिस्ट्रेशन करवाने गया था। भंगी होने की बात सुनकर काउंटर पर बैठा क्लर्क बोल पड़ा- यहां क्या कर रहे हो? कंडक्टर बनकर क्या करोगे? सफाई का काम कर लो।

मैंने ठान लिया था कि मेहनत का काम ही करूंगा, सफाई नहीं। 1982-93 तक, 10 साल मैंने बस कंडक्टर का काम किया, लेकिन मेरी पढ़ाई जारी रही और मैंने BA कंप्लीट कर लिया। दो बस स्टॉप के बीच टिकट काटने के बाद मैं पढ़ने लगता था। इसकी वजह से दिल्ली यूनिवर्सिटी के कई प्रोफेसर्स से मेरी पहचान हो गई। लोग मुझे किताब वाला कंडक्टर कहकर बुलाने लगे। हैं। मेरा स्वाभिमान जाग गया और मैंने निश्चय कर लिया कि मैं अपना मुकाम खुद बनाऊँगा, मेरी भी पहचान होगी| मैं पूरे जुनून के साथ जुट गया|

साल 1992 बीत रहा था। केंद्र में जूनियर ट्रांसलेटर की वैकेंसी निकली थी और मैंने फॉर्म भर दिया। सौभाग्य से मिनिस्ट्री ऑफ होम अफेयर्स में मेरा सिलेक्शन हो गया। उसके बाद 3 साल के लिए मुझे डेप्युटेशन पर लोकसभा में भेजा गया।ये तो बस शुरुआत थी| मैंने 1998 में UPSC द्वारा लिए गए एग्जाम को भी क्रैक कर लिया और फिर से मिनिस्ट्री ऑफ होम अफेयर्स में बतौर सीनियर ट्रांसलेटर ऑफिसर के पद पर आ गया। यहां भी मुझे जातिगत आधार पर भेदभाव का सामना करना पड़ा।

नफरत का आलम ये था कि अंतर राज्य परिषद, कैबिनेट सेक्रेटेरिएट, फाइनेंस मिनिस्ट्री, प्रधानमंत्री कार्यालय (PMO) समेत अधिकतर मंत्रालय से मुझे प्रशंसा पत्र मिलने के बावजूद मेरे अपने डिपार्टमेंट सेंट्रल ट्रांसलेशन ब्यूरो में मेरे खिलाफ कई शिकायतें दर्ज की गईं। झूठी शिकायत दर्ज की गई, चार्जशीट थमाई गई।हालांकि, वो कुछ महीने बाद ही रद्द हो गईं। मेरा इंक्रिमेंट रोक दिया गया, जो प्रमोशन 2005 में होना था वो 2018 में मेरे रिटायर होने तक नहीं हुआ। जबकि मेरे रिटायर होने के बाद ही अधिकांश लोगों को एडहॉक प्रमोशन दिया

गया।

जाति का दंश मेरे करियर या सिर्फ मेरे गांव तक ही सीमित नहीं रहा। अभी मैं गाजियाबाद में रहता हूं। यहां भी मुझे हर रोज भेदभाव का सामना करना पड़ता है। रिटायर्ड अधिकारी होने के बावजूद भी मेरे सोसाइटी के लोगों के मन में रहता है कि ये तो सफाई का काम करने वाला है।

मुझे एक दिलचस्प वाकया याद आ रहा है। जब मैं 2007 में यहां शिफ्ट हुआ था, तो एक पड़ोसी से हमारे अच्छे रिश्ते थे। खाना-पानी... हर चीज का लेन-देन होता था। एक दिन उन्होंने हमारी जाति पूछ ली। पत्नी ने बताया कि हम भंगी हैं। उसी वक्त से उनका रवैया बदल गया।

आज भी जब सीढ़ी से नीचे उतरता हूं, तो लोग मुंह फेर लेते हैं कि कहीं भंगी का मुंह न देखना पड़ जाए।

सोसाइटी के लोग हमें फ्लैट में भूत-प्रेत होने की बात कहकर डराते हैं। कहते हैं, यहां से फ्लैट बेचकर कहीं और चले जाओ। परेशान करने का आलम ये है कि छत पर रखे गमले, पानी की टंकी को तोड़ देते हैं |मैं सिर्फ इतना कहूँगा कि मेरे जुनून ने मुझे यहाँ तक पहुंचाया| वरना मैं सिर्फ एक कबाड़ी होता |

3

रीता,समाज सेविका

"जमाने में वही लोग हम पर उंगली उठाते हैं जिनकी हमें छूने की औकात नहीं होती...."

दबंग बहू-बेटियों को उठा ले जाते थे| खौफ ऐसा कि कुल्हाड़ी लेकर चलती, अब 800 दलित बच्चों को एजुकेशन से जोड़ चुकी हूं|

गांव में सवर्णों का दबदबा था। शाम ढलने के बाद वे किसी दलित को घर से बाहर नहीं निकलने देते थे। दलितों के घर की बहू-बेटियों को उठा ले जाते थे। पापा पुलिस में थे, एक दिन उनकी कहासुनी हुई और गुस्से में एक सवर्ण को गोली मार दी। उन्हें जेल भेज दिया गया। इसके बाद दबंग हमें और ज्यादा परेशान करने लगे। दबंगों के अत्याचार के खिलाफ उठ खड़े होने का मैंने बीड़ा उठाया |मैंने तय कर लिया कि अब चाहे जो भी हो अपनी अस्मिता की लड़ाई लड़नी होगी| मेरे अंदर एक जुनून पैदा हो गया|

मैं घर से बाहर निकलती, तो एक हाथ में कुल्हाड़ी और दूसरे में हंसुआ लेकर चलती, ताकि कोई हमला नहीं करे। पढ़ना चाहती थी,

लेकिन 8वीं बाद पढ़ाई छोड़नी पड़ी। जेल से आने के बाद पापा ने जल्दी शादी कर दी ताकि ससुराल में ठीक से रहूं, लेकिन वहां के हालात इससे भी खराब थे। इसके बाद मैंने तय किया कि अब इनकी दबंगई के खिलाफ मुहिम चलानी होगी।

मैंने दलितों को जागरूक करना शुरू किया। घर-घर जाकर उन्हें कानून और उनके अधिकारों के बारे में बताया। जिन स्कूलों में दलितों को पढ़ने नहीं दिया जाता, वहां उनका एडमिशन कराया। गांवों में लाइब्रेरी खोली। आज मैं 15 गांवों में 800 से ज्यादा दलित बच्चों को एजुकेशन से जोड़ चुकी हूं। अनगिनत दलित परिवारों को न्याय दिला चुकी हूं। जिनकी जमीनों पर दबंगों का कब्जा था, उसे छुड़वा चुकी हूं।

ये कहानी है उत्तर प्रदेश के जालौन के नरहान गांव की रहने वाली रीता देवी की। यह गांव डाकू से नेता बनी फूलन देवी के गांव के ठीक बगल में है।रीता दलित समुदाय से ताल्लुक रखती हैं। इनके घर के चारों तरफ सवर्ण जाति के लोगों का घर है। वो कहती हैं, 'नई-नई आई थी, तो गांव में सवर्णों का इतना दबदबा था कि घर के नाली का पानी भी बाहर नहीं निकलने देते थे। उनके दरवाजे के सामने से हम गुजर नहीं सकते थे।

अपने घरों के बाहर सवर्ण लोग खाट बिछाकर सोते थे। सुबह 4 बजे हम शौच के लिए जाते, तो रास्ते में अगर हमारी साड़ी भी इनकी खाट से छू जाती, तो हमें प्रताड़ित किया जाता, पंचायत बुलाकर दंड दिया जाता था|"

रीता कहती हैं कि गांव में सवर्णों को सरकारी सुविधाएं मिलती हैं, लेकिन दलितों को अधिकारी भी नजरअंदाज करते हैं। इस गांव में कितने परिवार हैं? पूछने पर रीता छत पर जाती हैं। वो गांव को दिखाते हुए कहती हैं, "गांव के ज्यादातर लोगों ने गरीबी की वजह से पलायन कर लिया। सिर्फ 35-40 परिवार ही बचे हैं इस गांव में। इस गांव में हम एकमात्र दलित परिवार हैं। बाकी ठाकुर और ब्राह्मण हैं|"

पहले 5-6 दलित परिवार थे, लेकिन दबंगों के शोषण और गरीबी की वजह से सभी पलायन करके उत्तर प्रदेश के उरई, कालपी, कानपुर और गुजरात, मुंबई, दिल्ली जैसे शहरों में चले गए। दरअसल, सवर्ण जाति

के लोगों से ये लोग कर्ज लेते थे, जिसके बाद इन लोगों ने दलितों के घर जमीन सब अपने नाम लिखवा लिया।'

रीता बताती हैं, 'ससुराल आए हुए दो-तीन साल ही हुए थे। एक दलित परिवार की बेटी को सवर्ण जाति का लड़का उठा ले गया । अगले दिन पंचायत हुई, लेकिन सजा उस लड़के को नहीं मिली। पीड़ित परिवार को गांव छोड़ना पड़ा।

इसी तरह एक बार ठाकुर जाति के लोगों ने मेरे ऊपर चोरी का इल्जाम लगा दिया। जब मैंने चोरी की बात से इनकार किया, तो वे लोग लाठी डंडे लेकर मुझे मारने के लिए आ गए। मैंने भी उन पर हमला किया।

बस उसी दिन मैंने तय कर लिया कि अब इनके जुल्म के खिलाफ लड़ना होगा। मैंने घर से बाहर निकलना शुरू कर दिया। गांव से 35 किलोमीटर दूर पैदल बाजार जाती, 6 महीने का राशन लेकर लौटती। इससे दूसरी महिलाओं को भी हिम्मत मिली और वे भी बाहर निकलने लगीं।'

आप अकेले 35 किलोमीटर दूर पैदल चलकर बाजार जाती थीं, घर में कोई दूसरा नहीं था? रीता बताती हैं, 'पति जब 3 साल के थे, तभी उनके माता-पिता की मौत हो गई थी। जिसके बाद उन्होंने अनाथ की जिंदगी जी। ऊंची जाति का वर्चस्व इतना था कि मजदूरी करवाकर भी पैसा नहीं देते थे। कई बार तो मजदूरी मांगने पर दबंग नाक तक काट देते थे। इसलिए वो शहर जाकर काम करते थे।

मेरी सारी जमीनों पर दबंगों ने कब्जा कर लिया। जब पंचायत हुई तो हमें एक साल की मोहलत मिली। इसके बाद मैंने खुद कमाना शुरू किया। खेतों में जाकर काम करने लगी, मवेशी पालने लगी। इसके बाद 26 हजार रुपए जमाकर मैंने अपना पूरा खेत दबंगों से छुड़ाया|"

रीता की बड़ी बेटी मायके आने वाली थी , इसलिए उन्होंने पूरे घर की रंगाई-पुताई कर रखी थी । हालांकि वो अपनी छोटी बेटी को याद कर भावुक हो गई। इसमें रीता की बेबसी झलकती थी ।

वो कहती हैं, "मैं पेट से थी। इलाज के लिए 35 किलोमीटर पैदल चल कर जाती थी। एक दिन में घर भी वापस नहीं लौट पाती थी। रास्ते में

एक नदी पड़ती है, जिसे पार करने के लिए उस वक्त बिजली के खंभे रखे होते थे। मैं नदी पार कर रही थी कि अचानक पैर फिसल गया और मैं नदी में गिर गई। कुछ लोग नदी में थे, जिन्होंने मुझे बचा लिया|"

ये बीहड़ का इलाका है, जो बाढ़ के दिनों में डूब जाता है। यहां के लोगों का शहर से आवागमन पूरी तरह कट जाता है।आगे रीता कहती हैं, "जब बेटी पैदा हुई, तो वो काफी बीमार रहने लगी। एक बार उसकी तबीयत ज्यादा खराब थी। सामान्य दिनों में जब इस गांव में कोई एम्बुलेंस नहीं आती है, तो फिर बाढ़ के दिनों में कहां से आए। मैं गर्दन भर पानी में अपनी बेटी को सिर पर रखकर इलाज करवाने के लिए ले जाती थी।

"जब वो 18 साल की हुई, तो उसके हार्ट के दोनों वॉल्व खराब हो गए। गरीबी की वजह से सही इलाज नहीं करवा पाई। 18 साल की उम्र वो हमें छोड़कर चली गई|"

रीता ने उसके बाद गांव-गांव जाकर वंचित लोगों की आवाज को सिस्टम तक पहुंचाने की मुहिम छेड़ी। 2015 में वे 'बुंदेलखंड दलित अधिकार मंच' के साथ जुड़ गईं।वो बताती हैं, 'दलित बच्चों को स्कूल में भेदभाव का सामना करना पड़ता था। दर्जनों बच्चों ने इसी वजह से स्कूल जाना छोड़ दिया था। कई मामले ऐसे मिले, जिसमें इन बच्चों को सबसे पीछे बिठाया जाता था। मिड-डे मील के वक्त अलग थाली दी जाती थी।

"हमने इन बच्चों की काउंसिलिंग की। प्रिंसिपल और ब्लॉक एजुकेशन ऑफिसर से बात की और उन्हें वापस स्कूल से जोड़ा। इसके साथ ही मैंने गांवों में लाइब्रेरी की शुरुआत की। अब तक हमारी टीम चार-चार "भीम पुस्तकालय" की शुरुआत कर चुकी है। यहां हमारे वॉलंटियर्स 200 से ज्यादा बच्चों को पढ़ाते हैं|"

रीत बताती हैं, 'गांव में सवर्णों को सरकारी सुविधाएं मिलती हैं, लेकिन दलितों को अधिकारी भी नजरअंदाज करते हैं। करीब 400 लोगों को हमने मुख्यमंत्री आवास योजना के तहत घर, वृद्धा पेंशन, शौचालय दिलवाए हैं।

जिन लोगों के साथ सवर्ण जाति के लोग अत्याचार करते हैं, उन्हें कानूनी लड़ाई लड़ने के बारे में बताते हैं। हमारी टीम में एडवोकेट भी हैं,

जो FIR रजिस्टर करने से लेकर कोर्ट तक की बातों को बताते हैं|"

रीता गांव की पीड़ा को शब्दों में समेटते हुए कहती हैं, "नरहान गांव के लोगों के लिए आज भी विकास सिर्फ सपना है। हमारे पास खेत तो हैं, लेकिन इसमें फसल नहीं होती। जमीन बंजर है। मिट्टी के पहाड़ यानी बीहड़ के जंगल वाली जमीनें हैं|"

"आज भी गांव से 35 किलोमीटर दूर शहर जाने की कोई व्यवस्था नहीं है। लोगों को ट्रैक्टर या अपने वाहन से जाना पड़ता है। यही वजह है कि पूरा गांव तकरीबन खाली हो चुका है, लेकिन मैंने संकल्प लिया है कि मेरी अर्थी उठेगी तो इसी गांव से। मैं जीते जी इस गांव को छोड़कर नहीं जाऊंगी। दबंगों ने भी कई बार गांव छोड़ देने की धमकी दी, लेकिन मैं अपने मकसद पर अड़ी रही।अब यही लोग अपनी समस्या लेकर मेरे पास आते हैं। गांव के प्रधान का भी कोई काम अधिकारी नहीं करते हैं, तो वो अब मेरे पास आते हैं|" यह सब संभव हुआ मेरे उठ खड़े होने के जुनून से|

4

अनिल कुमार, ब्लाइंड बैंक मैनेजर

"जीवन में समस्याओं का सामना इसलिए करना पड़ता है ताकि हम उनसे लड़कर और भी मजबूती के साथ निखर कर आयें|"

साल 2009, तारीख- 26 फरवरी: यह मेरी जिंदगी में काले दिन के रूप में दर्ज है। 30-40 लोगों ने मुझ पर हमला कर दिया। उत्तर प्रदेश के बिजनौर का शक्ति चौराहा फायरिंग से थर्रा उठा। दुकानदार अपने दुकानों की शटर गिराकर भागने लगे। मैं निहत्था था।5 दोस्तों ने देशी कट्टा निकालकर चेहरे पर 34 छर्रे दागे। मेरी दोनों आंखों की नस, पर्दा, कॉर्निया, पुतली... सब कुछ फट गया। दोस्तों ने ही मुझे अंधा बना दिया। उस वक्त ग्रेजुएशन पार्ट- 2 में था। मैं दलित वर्ग से ताल्लुक रखता हूं। इसलिए मेरे दोस्त मुझसे नफरत करते थे।

एम्स दिल्ली में ऑपरेशन करने के बाद डॉक्टर ने कहा- "कुछ नहीं हो सकता। पूरी जिंदगी अब ब्लाइंड होकर ही जीना पड़ेगा|" एक साल तक जिंदा लाश बना रहा। 3 बार सुसाइड करने की कोशिश की, लेकिन बच गया।

SBI मेन ब्रांच देहरादून में असिस्टेंट मैनेजर अनिल कुमार जैसे-जैसे अपनी कहानी में दाखिल होते हैं, शरीर में सिहरन पैदा होने लगती है। अनिल ने लव मैरिज की है, उनके तीन बच्चे हैं।अनिल कुमार एडल्ट

ब्लाइंड हैं। वो अपनी दोनों आंखों से नहीं देख सकते हैं। इसके बावजूद अनिल ने बैंक एग्जाम क्लियर किया।अनिल अपनी कहानी को चार हिस्सों में सुनाते हैं...

1. पहले बचपन से कॉलेज की कहानी

पापा मजदूर थे। चीनी मिल में गन्ने की चेन बांधने का काम करते थे। 12 साल की उम्र से मैं भी उनके साथ काम करने जाता था। मुझे कबड्डी और दौड़ देखने का शौक बचपन से था। धीरे-धीरे स्पोर्ट्स में मजा आने लगा। फिजिकल फिटनेस के लिए सुबह-सुबह गांव से बाहर जाकर दौड़ता था।

जब बिजनौर के हाई स्कूल में दाखिला लिया, तो खेल-कूद प्रतियोगिता में भाग लेने लगा। ये 2002 की बात है। गांव के कुछ लड़के आर्मी की तैयारी कर रहे थे। उन्हें देखकर मैं भी आर्मी की तैयारी करने लगा। 2008 के आर्मी भर्ती का अपॉइंटमेंट लेटर मेरे हाथ में था, लेकिन तब तक मैं ब्लाइंड हो चुका था। इस वजह से मैं जॉइन नहीं कर सका।

2006 में 12वीं के बाद बिजनौर यूनिवर्सिटी में मैंने B.Com और मेरे दोस्तों ने B.A में एडमिशन ले लिया। मैं पढ़ाई और स्पोर्ट्स की हर एक्टिविटीज में आगे रहता था। मुझे जब कॉलेज के NSS कैंप का हेड बनाया गया, तो मेरे दोस्त मुझसे जलने लगे।

2. अब ब्लाइंड होने की कहानी

जो दोस्त मेरे साथ हमेशा घूमते-फिरते थे। मुझे नहीं पता था कि ये लोग मेरे खिलाफ जानलेवा षड्यंत्र रच रहे हैं। 5 मार्च 2009 से पार्ट-2 का एग्जाम शुरू होना था। फरवरी महीने में एडमिट कार्ड बंट रहा था। मैं पोडियम पर खड़ा था। सामने कुछ स्टूडेंट्स बदतमीजी कर रहे थे। लाइन में खड़ी लड़कियों के साथ धक्का-मुक्की कर रहे थे।

इसी दौरान एक लड़की दीवार से टकरा गई। उसके सिर से खून आने लगा। जब मैंने धक्का-मुक्की कर रहे स्टूडेंट्स को समझाना चाहा, तो उन्होंने मेरे ऊपर ही अटैक कर दिया। मामला प्रिंसिपल के पास पहुंचा और उन्हें पुलिस के हवाले कर दिया गया। हालांकि कुछ देर बाद ही उन स्टूडेट्स को समझा-बुझाकर पुलिस ने छोड़ दिया। फिर मैं पोडियम के पास आ गया। इतने में मेरे एक दोस्त ने पीछे से आकर तमंचे की बट

(बंदूक का पिछला हिस्सा) मेरे सिर पर मार दिया। सिर से खून बहने लगा। जब मैंने दोस्त से पूछा कि उसने ऐसा क्यों किया? तो उसने कहा, 'हम लोग तो बहुत दिनों से तुम्हें टारगेट कर रहे थे, अब जाकर तुम पकड़ में आए हो।'

जब विवाद बढ़ा, तो प्रिंसिपल ने मुझे घर जाने के लिए कहा। कॉलेज के बाहर 50-60 लोग मुझ पर हमला करने के लिए इंतजार कर रहे थे। मैं किसी तरह से पीछे के गेट से डॉक्टर के पास गया। सिर पर बैंडेज लगाए घर पहुंचा, तो घर वालों ने कहा, 'अब से कॉलेज जाना बंद। भले पढ़ो नही, कम-से-कम ठीक तो रहोगे।'

कुछ दिनों के बाद दो-तीन दोस्त घर पर आए। उन्होंने कहा, 'कॉलेज नहीं जा सकते हैं, शादी में तो चल सकते हैं।' बाइक से शक्ति चौराहे के पास पहुंचते ही एक दूसरा दोस्त मुझे रोककर बातों में उलझाने लगा। कुछ देर में ही 50-60 लड़कों ने मुझे घेर लिया। सभी के हाथ में तमंचा और हॉकी स्टिक। उनमें से कुछ मेरे खास दोस्त भी थे। पहले उन लोगों ने मारपीट शुरू की।

तमंचे की फायरिंग से पूरा चौराहा गूंजने लगा। दुकानदार अपनी दुकानों के शटर गिराकर भागने लगे। भीड़ में से 5 दोस्त आगे बढ़कर मेरी जाति को लेकर भद्दे कमेंट करने लगे। मैंने उन्हें समझाने की कोशिश की। कहा- कॉलेज में इतना बड़ा झगड़ा भी नहीं हुआ था कि तुम लोग मेरी जान ले लो।

ट्रैफिक पुलिस भी चुपचाप खड़ी तमाशा देख रही थी। किसी ने बीच बचाव करने की कोशिश नहीं की। इतने में एक दोस्त ने पीछे से आकर सिर पर किसी वजनदार चीज से अटैक कर दिया। उसके बाद दोस्तों ने देसी कट्टे से मेरे चेहरे पर फायरिंग शुरू कर दी। गोली के 34 छर्रे दाग दिए। फायरिंग के डर से दुकानदारों ने दुकान के शटर बंद कर लिए थे|

मैं खून से लहूलुहान होकर छटपटाने लगा। मेरा छोटा भाई कुछ दूर स्थित एक मोबाइल सेंटर पर काम करता था। वह मुझे जिला अस्पताल ले गया। वहां से मेरठ और फिर दिल्ली एम्स रेफर किया गया। जब ऑपरेशन हुआ, तब पता चला कि मैं अपनी दोनों आंखे खो चुका हूं।

3. ब्लाइंड होने के बाद की कहानी

यहां से मेरी ब्लाइंड लाइफ शुरू हो गई। एम्स से डिस्चार्ज होने के बाद मुझे गांव ले जाया गया। ये पहली बार था कि जिस गांव को देखते हुए मैं बड़ा हुआ, वो मुझे देख रहा था, लेकिन मैं नहीं। कॉलेज के लोग भी मुझे देखने के लिए आए। मैं चारपाई पर लेटा था।

जब मां ने बताया कि लोग देखने आए हैं, तो मैंने बस यही कहा, 'ये दुनिया अब मेरे किसी काम की नहीं और मैं भी किसी काम का नहीं रहा।' मेरा ग्रेजुएशन बीच में ही छूट गया।पता था कि अब मुझे किसी भी गद्दी पर बिठा दो, इस दुनिया को कभी नहीं देख सकता हूं। मैं नहीं चाहता था कि जिन लोगों ने मेरे साथ ऐसा किया, वो मेरे घर वालों के साथ भी ऐसा करें। मैंने कोर्ट से केस वापस ले लिया।

एक दिन मेरे चाचा न्यूजपेपर में लखनऊ के दृष्टिबाधित डॉ. शकुंतला मिश्रा विश्वविद्यालय के बारे में पढ़ रहे थे। मैंने घर वालों से कहा- क्या अभी भी मैं पढ़ सकता हूं? मम्मी-पापा ने विश्वविद्यालय के बारे में पता करना शुरू किया।

इसी दौरान देहरादून के नेशनल इंस्टीट्यूट ऑफ विजुअली हैंडिकैप्ड (NIVH) के बारे में पता चला। मुझे याद है कि जब NIVH आ रहा था, तो मां से कहा, 'यदि एडमिशन नहीं हुआ, तो मैं अब कभी घर नहीं लौटूंगा।' यहां किसी तरह से कंप्यूटर ट्रेनिंग में एडमिशन हो गया।

ब्लाइंड होने के बाद पहली बार मैंने कंप्यूटर टच किया था। 6 महीने तक तो कुछ समझ में ही नहीं आया कि मैं किस डायरेक्शन में बैठा हूं। टीचर क्लास में किस डायरेक्शन से बोल रहे हैं। इस दौरान एक दोस्त बना, जिसके कंधे पर हाथ रखकर चलने लगा। वो मुझे हर रोज मेस, क्लासरूम और वॉक कराने के लिए ले जाता था। 18 महीने की कंप्यूटर ट्रेनिंग के बाद भी कोई जॉब नहीं मिली।

4. आखिर में बैंकर बनने की कहानी

2011 में वापस अपने घर आ गया। सोचने लगा- 'जहां से निकला था, वहीं चला आया।' घुटन महसूस होने लगी। उसके बाद मैंने फिर से B.Com करने की ठानी। छोटी बहन खुशबू मुझे नोट्स पढ़कर सुनाती और मैं सुनकर याद कर लेता। इसी दौरान बैंकिंग एग्जाम की तैयारी करने लगा। बहन मेरी आंखें बन गई।

2012 में 12th लेवल पर मेरा सिलेक्शन तीन बैंक- SBI, केनरा और यूको बैंक में हो गया। SBI देहरादून मेन ब्रांच में मैंने जॉइन किया।

जब बैंक में आया, तो ब्लाइंड पर्सन होने की वजह से लोग अलग-अलग तरह के कमेंट करने लगे। कहते थे, ये ब्लाइंड पर्सन क्या करेगा। बिना काम के पैसे लेगा। कोटे से सिलेक्शन हो गया है।

मैंने बैंकिग के सभी सेक्शन के काम को सीखा। अब मैं अपने सारे काम बिना किसी की मदद से करता हूं। ऑफिस भी पब्लिक ट्रांसपोर्ट से जाता हूं। जिन लोगों ने मुझे अंधा किया, वो आज मजदूरी भी नहीं कर सकते हैं और मैं यहां तक पहुंच गया।

आज अपना घर-परिवार है। तीन बच्चे हैं। पत्नी भी एडल्ट ब्लाइंड है। दवा के रिएक्शन की वजह से उसकी रोशनी चली गई थी। हालांकि उसे 20% दिखाई देता है। हम दोनों NIVH में ही मिले थे। वहीं, एक-दूसरे से प्यार हुआ। जिंदगी में अपनी पहचान का जुनून मुझे यहाँ तक ले आया वरना मैं तो लोगों की नफरत का मारा एक अंधा ही रह जाता| **अब धीरे-धीरे जिंदगी में रंग भर रहे हैं...**

5

स्टंट वुमन गीता टंडन

"सफलता हमारा परिचय दुनिया से करवाती है और असफलता हमें दुनिया का परिचय करवाती है|"

9 साल की उम्र में मां की मौत, 15 साल की उम्र में शादी, 19 साल की उम्र में 2 बच्चे, 21 साल की उम्र में तलाक। पैदा होने के साथ ही स्ट्रगल शुरू हो गया। मैंने एक दिन में 500 रोटियां बनाईं, पैसों के लिए स्पा सेंटर में काम किया, शादियों में डांस किया।कई दिनों तक लगातार भूखे रहना पड़ा। दो बच्चों का खर्चा-पानी... कहां से हो पाता। इंट्रेस्ट के हिसाब से मुझे काम नहीं मिला। हालात ने काम को अपना इंट्रेस्ट बनाने पर मजबूर कर दिया।

दरअसल, मेरे पास कोई चॉइस नहीं थी। ना तो बड़े खानदान की थी, और ना ही पैसों वाली। औरत और आदमी ने अपना एक अलग दायरा बना लिया है। मुझे इससे आगे निकलना था। सिर्फ ये मेरे हाथ में था... और फिर यहां से शुरू होती है मेरे स्टंट वुमन बनने की कहानी।

आग में कूदना, आग की लपटों के बीच कार की रेस लगाना, बाइक चलाना, स्टंट के लिए शरीर को आग के हवाले करना, 100-200 फीट की ऊंचाई से नीचे जाना, ऊंची बिल्डिंग से गिरना। छलांग लगाना... फिल्मों में एक्ट्रेस जो काम नहीं कर सकती हैं, रिस्क नहीं ले सकती हैं, वो मैं

करती हूं।

जब स्टंट वुमन गीता टंडन अपने काम और जिंदगी से रूबरू कराना शुरू करती हैं, तो सामने फिल्मों में आग की लपटों के बीच दौड़ती कार, बाइक, एक्ट्रेस का सीन तैरने लगता है।गीता कहती हैं, 'लोग फिल्मों में हमारे स्टंट को देखकर डरते हैं। एंजॉय करते हैं, और चिल्लाते भी हैं। लेकिन वो हम करते हैं। कई बार चेहरे और हाथ जल जाते हैं। हड्डियां टूट जाती हैं। कई महीनों तक बेड पर पड़ी रहती हूं। ये काम पिछले 14 साल से कर रही हूं। इसी ने पहचान दी है।

'खतरों के खिलाड़ी सीजन-5' में बतौर कंटेस्टेंट पार्टिसिपेट किया था। मेरा काम ही खतरों से खेलना है। ये ऐसा मौत का दरिया है, जिसका इंश्योरेंस नहीं होता, क्योंकि हम अपनी जान खुद खतरे में डालते हैं।'

गीता अपनी जिंदगी के शुरुआती दिनों में लेकर चलती हैं। सिलसिलेवार तरीके से अपनी कहानी बताती हैं, जिसे शेयर करते हुए आज भी वो ठहर जाती हैं। कई बार अपने आंसुओं को चाहकर भी नहीं रोक पाती हैं।

गीता दबी आवाज में कहना शुरू करती हैं, 'राजस्थान के कोटा में पैदा होने के साथ ही पापा मुंबई शिफ्ट हो गए थे। 1994 में मां की मौत हो गई, तब 9 साल की थी। सच कहूं तो मेरी लाइफ तभी से शुरू हुई।

मां जब थी तब तो अगल-बगल के अंकल-आंटी भी खूब प्यार करते थे। हाल-चाल पूछ लेते थे, लेकिन मां के जाने के बाद कोई नहीं था, जो हम दो भाई और दो बहनों को प्यार और दुलार दे सके | हम लोगों को घर पर छोड़कर पापा काम पर चले जाते थे। कोई नहीं होता था, जो हम भाई-बहनों का ख्याल रख सके। खुद से खाना बनाना और खाना। इतनी कम उम्र में ही पता चल गया कि जितना काम करोगे, खाना उतना ही मिलेगा।

जब 15 साल की हुई, तो आस-पड़ोस के लोग पापा से कहने लगे, 'बेटी बड़ी हो गई है। शादी करवा दो', लेकिन पापा नहीं चाहते थे कि मेरी शादी हो। हालांकि, उन्हें भी लगा कि अच्छा परिवार मिलेगा, तो मेरी किस्मत बदल जाएगी और मुझे भी यही लगा।'गीता टंडन की जब शादी हुई, तो पति उनके साथ हर रोज मारपीट करता था। यहां भी उनकी

जिंदगी नहीं बदली।

गीता कहती हैं, ‘शादी से पहले सोचती थी, नया घर होगा। नए लोग और अच्छा खाना खाने को मिलेगा। पर ऐसा कुछ हुआ नहीं। ससुराल वाले प्रताड़ित करने लगे। कुछ साल तक ऐसा चलता रहा। मुझे लगा कि बच्चे होने के बाद शायद सब ठीक हो जाएगा, लेकिन कुछ नहीं बदला।

21 की उम्र बीत रही थी। एक दिन आत्महत्या करने का भी ख्याल आया, लेकिन मुझे पता था कि यदि मैं मर गई, तो जैसे हालात मेरे हैं, मेरे बच्चों का भी वही होगा।

दो बच्चों के साथ अपनी बहन के यहां रहने के लिए चली आई, लेकिन पति मार-पिटाई करके घर ले आता था। कहता था, ‘कौन है तुम्हारा। किसके पास रहोगी। यदि तुम अलग हो भी गई, तो गलत काम ही करोगी।’ लेकिन मैंने घर छोड़ने का फैसला कर लिया। कई दिनों तक गुरुद्वारे में रही। फिर बहन के यहां रहने लगी। मैं उतनी पढ़ी-लिखी नहीं हूं। कोई मुझे नौकरी नहीं देता था।

अपनी बहन के साथ हर रोज सुबह-सुबह ऑफिस के चक्कर लगाती थी कि कहीं कोई काम मिल जाए, लेकिन कई महीनों के बाद भी कोई काम नहीं मिला।एक दिन चलते-चलते रास्ते में एक मेस दिखा। वहां रोटी बनाने का काम मिल गया। हर रोज 250 रोटियां सुबह और 250 रोटियां शाम को बनाती थी। यहां काम बस इसलिए करती थी कि घर पर भी खाना ले जा सकूं।

तब तक पापा को पैरालिसिस अटैक हो चुका था। कुछ महीने बाद हम लोग दूसरी जगह शिफ्ट हो गए। वहां देखती थी कि हर रोज कुछ लड़कियां तैयार होकर कहीं जाती थीं। एक दिन मैं भी उनके साथ चली गई। स्पा सेंटर में काम करना था। एक दिन में ही वो काम छोड़कर चली आई।

चलते वक्त उसके मालिक ने कहा, ‘पति है नहीं। क्या करोगी जिंदगी में इन चीजों के अलावा।’ सच कहूं तो उस दिन पूरी रात मैं सोचती रही कि क्या जिसका पति नहीं होता, तलाक हो जाता है,पति-बच्चों की मौत हो जाती है, तो क्या एक औरत गलत काम करके ही पैसे कमा सकती है?

बड़ी मशक्कत के बाद मुझे एक काम मिला। जागरण की कोई शूटिंग थी, उसमें मुझे खड़े होना था। शाम को शूटिंग खत्म होने के बाद 400 रुपए मिले। मैं तो चौंक गई। वहीं पर मेरी पहचान कुछ ऐसे लोगों से हुई, जो फिल्मों में स्टंट करते थे।

उनमें से एक ने कहा, 'तुम लड़कों जैसी हो। स्टंट का काम किया करो। पैसे भी मिलेंगे और काम भी।' चूंकि नाचने का काम सीजन के हिसाब से होता था, तो मैंने उनकी कम्युनिटी जॉइन कर ली।

गीता को एक सीरियल में स्टंट का पहला काम मिला था। 100 फीट की ऊंचाई से नीचे लटकने का स्टंट था, जिसके बदले उन्हें 1400 रुपए मिले।

इसके बाद गीता ने स्टंट को बतौर करियर चुन लिया। वो कहती हैं, 'बच्चों को घर में बंद करके शूटिंग पर जाती थी। घर का खर्च, बच्चों की पढ़ाई-लिखाई सब कुछ इसी से चलने लगा। 2008 से स्टंट कर रही हूं। जिस वक्त इस इंडस्ट्री में आई थी, तो लड़कियों से स्टंट नहीं करवाए जाते थे। बहुत कम लोग थे। जब सेट पर स्टंट के लिए जाती थी, तो लोग बोलते थे, 'लड़की है नहीं कर पाएगी।' मैंने यह चुनौती स्वीकार कर ली| मैं इतना सताई गई थी कि मेरा शरीर और मन दोनों ही मजबूत हो गया था| मेरे अंदर आत्मनिर्भर होने का जुनून छा गया था जो अब भी बरकरार है |

'अब तक दो बार चेहरा जल चुका है। तीन बार स्पाइनल फ्रैक्चर हो चुका है, लेकिन मुझे पता है कि सिर्फ इसी काम में अपना 100% दे सकती हूं। इसी से घर चलता है।स्टंट ही मेरे काम का जुनून बन गया है |

आज कई सीरीज के लिए काम कर रही हूं। फायर ब्रिगेड बेस्ड स्टोरी आ रही है, उसमें स्टंट कर रही हूं। हिंदी फिल्मों, सीरियल्स के अलावा बंगाली और साउथ की फिल्मों में भी स्टंट करती हूं। मुझे एक्टिंग का भी शौक रहा है, लेकिन उस तरह के कभी अच्छे रोल नहीं मिले। यदि मिलेंगे तो जरूर करूंगी।'

6

टीना जैन,शिक्षाविद

"कल को आसान बनाने के लिए आज आपको कड़ी मेहनत करनी ही पड़ेगी|"

आपने देश के सरकारी स्कूलों में बुनियादी सुविधाओं के अभाव की ख़बरें कई बार सुनी होगी| यहां तक कि जिन स्कूलों में बुनियादी सुविधाएं हैं भी, वहां आपको ऐसा माहौल नहीं मिलेगा कि बच्चे पढ़ने के लिए प्रोत्साहित हों| और यहीं से शुरू होता है टीना जैन और उनके एनजीओ 'अभिकल्पना' का काम, जिन्होंने बीड़ा उठाया है सरकारी स्कूलों के माहौल को जीवंत और मज़ेदार बनाने का, ताकि बच्चों के स्कूल आने की सिर्फ़ एकमात्र वजह मिड डे मील ही न हो|

जब घर के क़रीब दिखी एक दूसरी दुनिया :वाराणसी की टीना जैन मुंबई में एमबीए की पढ़ाई कर रही थी, लेकिन देश के 14 राज्यों के 16 सरकारी स्कूलों के बच्चों की पढ़ाई की ओर रुझान जगाने में कहीं न कहीं इनका योगदान रहा है| सरकारी स्कूलों के नीरस माहौल को रंगों के माध्यम से जीवंत बनाने की प्रेरणा उन्हें ग्रैजुएशन के दौरान मिली, जब वे अपने घर के पास के एक सरकारी स्कूल को बस यूं ही देखने गई थीं| उनका कहना है,"चूंकि मैं एक ऐसे परिवार से हूं, जिसने मुझे हमेशा सबसे अच्छी सुविधाएं उपलब्ध कराने की कोशिश की है| मेरे मन में स्कूलों की एक ख़ुशहाल और मज़ेदार छवि ही थी| लेकिन वाराणसी के उस सरकारी स्कूल में पहुंचते ही मेरा सामना एक दूसरी ही तरह की

दुनिया से हुआ| मैं पहली बार किसी सरकारी स्कूल में गई थी| वहां का नीरस और उत्साहहीन माहौल देखकर मैं बहुत दुखी हो गई| मैंने बच्चों से पूछा उन्हें अपने स्कूल में किस चीज़ की कमी सबसे अधिक खलती है, उन्होंने कहा कुर्सी और टेबल| बच्चों की यह बात जायज़ भी थी, क्योंकि ठंडी के उस मौसम में वे ज़मीन पर बैठकर पढ़ाई कर रहे थे| टीना ने अपने दोस्तों की मदद से बच्चों के लिए टेबल कुर्सी का इंतज़ाम करने के लिए पूरा ज़ोर लगा दिया| साथ ही उन्होंने महसूस किया कि स्कूल में ऐसे माहौल का अभाव है, जिससे बच्चे ख़ुद ही स्कूल की तरफ़ खिंचे चले आएं| “फिर हमने स्कूल को आकर्षक बनाने के लिए वहां की दीवारों पर उनके पाठ्यक्रम से जुड़ी चीज़ों की मज़ेदार ढंग से चित्रकारी करने का निश्चय किया| और उसका परिणाम उत्साहवर्धक रहा|”

पहल, जिसने उस दुनिया को बदल दिया :टीना यह बात समझ गईं कि ख़ुशहाली का रास्ता स्वस्थ माहौल से आता है| “दीवारों पर चित्रकारी के अलावा हमने डांस, म्यूज़िक, हस्तकला, पीटी जैसी गतिविधियों के माध्यम से बच्चों की शिक्षा के प्रति रुचि जगानी शुरू की| हमने बच्चों की उपस्थिति में उल्लेखनीय वृद्धि महसूस की|” वाराणसी के उस सरकारी स्कूल में पांच लोगों के साथ शुरू हुआ वह अभियान अब 14 राज्यों तक पहुंच चुका है| टीना ने अपने दोस्त मुनीश तिवारी के साथ मिलकर “अभिकल्पना” की स्थापना की| अब विभिन्न प्रोजेक्ट्स पर वे 50-60 लोगों की टीम के साथ काम कर रहे हैं| टीम के ज़्यादातर सदस्य कॉलेज के वह स्टूडेंट्स होते हैं, जो समाज में कुछ सार्थक बदलाव लाने की इच्छा रखते हैं| अभिकल्पना की टीम स्कूलों के क्लास रूम और गलियारों की दीवारों को बच्चों के पाठ्यक्रम से संबंधित चीज़ों की पेंटिंग बनाती है ताकि आते-जाते बच्चे उन्हें देखें और उनके दिमाग़ में जाने-अनजाने वह चीज़ें बैठ जाएं| जहां निजी स्कूलों में प्रोजेक्टर होते हैं, वहीं सरकारी स्कूलों की दीवारें अब इन बच्चों के लिए लाइव प्रोजेक्टर बन गई हैं| इसके अभिकल्पना की टीम अलावा न्यूज़ पेपर रीडिंग, डांस, मिट्टी की चीज़ें बनाना, साइंस प्रोजेक्ट और पेंटिंग जैसी पाठ्येतर गतिविधियां भी कराती है| नया साल, क्रिस्मस, दिवाली और दूसरे त्यौहार मनाकर भी ख़ुशियों को स्कूल का रास्ता दिखाया जाता है|

यह टीना जैन का जुनून ही है जिसने उन्हे सरकारी स्कूलों में बदलाव की प्रेरणा देता है|

7

शालिनी अग्निहोत्री,IPS

"जिसको जो कहना है कहने दो आपका क्या जाता है, समय समय की बात है वक्त सबका आता है |"

बस कंडक्टर की बेटी ने मां के अपमान के बाद ऑफिसर बनने की ठानी, खुद से की तैयारी और बन गई IPS

पढ़ाई के लिए बच्चों को अक्सर अपने बड़ों के ताने सुनने पड़ते हैं| बच्चे इन तानों का बुरा भी मान जाते हैं| किन्तु, क्या आप जानते हैं, यही ताने किसी को आईपीएस भी बना सकते हैं| जी हां आप सही सुन रहे हैं, सिविल सर्विस परीक्षा सबसे कठीन परीक्षाओं में से एक मानी जाती है| कई लोग सालों की मेहनत बाद भी ये परीक्षा पास नहीं कर पाते लेकिन आज जिस बहादुर आई पी एस की कहानी आप पढ़ रहे हैं उसने किसी अजनबी का ताना सुन कर उसे चुनौती के रूपमें स्वीकार किया ,ऐसी कठिन परीक्षा दी और उसे पास भी किया|

अब नाम से कांपते हैं अपराधी:ये कहानी है हिमाचल प्रदेश के ऊना जिले के एक छोटे से गांव ठठ्ठल की रहने वाली लड़की शालिनी अग्निहोत्री की| शालिनी ने एक अजनबी द्वारा दिए गए ताने को सुन कर अपने घरवालों को बिना बताए यूपीएससी एग्जाम की न केवल तैयारी की बल्कि उसे पहले ही प्रयास में पास कर आईपीएस अफसर भी

बनीं|

एक बस कंडक्टर की बेटी शालिनी आज एक ऐसी पुलिस ऑफिसर के रूप में जानी जाती हैं जिनसे अपराधी थर-थर कांपते हैं| उनके इसी जज्बे और काबलियत के लिए उन्हें प्रधानमंत्री की प्रतिष्ठित बेटन और गृहमंत्री की रिवॉल्वर दी गयी है| इसके अलावा शालिनी ने ट्रेनिंग के दौरान बेस्ट ट्रेनी का अवॉर्ड जीतने के साथ साथ राष्ट्रपति के हाथों पुरस्कृत हुई हैं| कुल्लू में पोस्टिंग के दौरान वह रातों रात तब चर्चा में आ गई थीं जब उन्होंने नशा कारोबारियों के खिलाफ मुहिम चला कर इस काले धंधे की कमर तोड़ी थी|

एक ताने ने बना दिया आईपीएस :इस बेखौफ और बहादुर आईपीएस ऑफिसर के यहां तक पहुँचने की कहानी भी दिलचस्प है| छोटी सी शालिनी के मन में पुलिस बनने का विचार तब आया जब वह एक बार अपनी मां के साथ बस में सफर कर रही थीं| उस समय शालिनी की उम्र कुछ ज्यादा नहीं थी लेकिन उन्होंने सब देखा और इस घटना का गहरा असर पड़ा उन पर|

दरअसल इस सफर के दौरान एक अनजान शख्स ने उनकी मां की सीट के पीछे हाथ लगा रखा था| इस वजह से उनकी मां असहज हो रही थीं तथा ठीक से बैठ नहीं पा रही थीं| उन्होंने बार बार उस व्यक्ति से हाथ हटाने का अनुरोध किया लेकिन हाथ हटाने की बजाए वह शख्स गुस्सा हो गया और तमतमाया हुआ बोला 'तुम कहां की डीसी लग रही हो जो तुम्हारी बात मानी जाए|' उस अज्ञात व्यक्ति का यही ताना नन्ही सी शालिनी के मन को भेद गया| उन्होंने ठान लिया कि अब वह बड़ी होकर अफसर ही बनेंगी| उनके मन में जुनून पैदा हो गया पुलिस अफसर बनने का |

बिना परिवारवालों को बताए की तैयारी:शालिनी अग्निहोत्री ने 10वीं की परीक्षा में 92 प्रतिशत से ज्यादा नंबर हासिल किये लेकिन 12वीं में उन्हें सिर्फ 77 प्रतिशत नंबर ही मिले| लेकिन इसके बावजूद उनके घरवालों ने उनपर भरोसा जताया और उन्हें मन लगाकर पढ़ने के लिए प्रेरित किया| शालिनी अग्निहोत्री ने धर्मशाला के डीएवी स्कूल से 12वीं करने के बाद पालमपुर स्थित हिमाचल प्रदेश एग्रीकल्चर यूनिवर्सिटी

कृषि में अपना ग्रेजुएशन पूरा किया| शालिनी ने जो सपना बचपन में देखा था वो उन्हें हमेशा याद रहा| यही वजह रही कि उन्होंने ग्रेजुएशन के साथ ही यूपीएससी की तैयारी करना भी शुरू कर दिया था|

शालिनी ने घर वालों को ये जानकारी नहीं दी थी कि वह कॉलेज के बाद यूपीएससी परीक्षा की तैयारी करती हैं| शालिनी को पता था कि ये परीक्षा बेहद कठिन है| उन्हें लगता था कि अगर वह असफल रहीं तो घर वाले उनकी असफलता से निराश हो जाएंगे| यही वजह है कि उन्होंने बिना किसी को बताए खुद से ही यूपीएससी परीक्षा की तैयारी करना जारी रखा| इसके लिए उन्होंने किसी बड़े शहर में जा कर कोचिंग लेने के बारे में भी नहीं सोचा और खुद से ही तैयारी में जुटी रहीं|

पूरा कर लिया सपना: शालिनी ने मई 2011 में पहली बार यूपीएससी की परीक्षा दी| 2012 में इंटरव्यू का परिणाम भी आ गया| इसके साथ ही शालिनी ने खुद से किया हुआ वादा पूरा कर लिया| उन्हे ऑल इंडिया में 285वीं रैंक प्राप्त हुई और वो इंडियन पुलिस सर्विस (IPS) के लिए चुनी गईं|

शालिनी अग्निहोत्री के पिता रमेश अग्निहोत्री बस कंडक्टर थे| इसके बावजूद उन्होंने अपने बच्चों की पढ़ाई में कभी कोई कमी नहीं की| उन्हें इसका फल भी मिला| आज शालिनी के अलावा उनकी बड़ी बेटी डॉक्टर तो बेटा एनडीए पास करके आर्मी में अधिकारी है|

8

कोमल गणात्रा,IRS

“मेहनत इतनी खामोशी से करो कि सफलता शोर मचा दे|”

दहेज के लिए घर से निकाला, बिना इंटरनेट गांव में रह कर की UPSC की तैयारी, मेहनत से बनी IRS ऑफिसर|

यूपीएससी की 2013 बैच की आईआरएस ऑफिसर कोमल गणात्रा इस बात का सटीक उदाहरण हैं कि मजबूत इच्छाशक्ति इंसान को मुश्किल से मुश्किल हालात से लड़ते हुए आगे बढ़ने की ताकत देती है| कोमल लाखों करोड़ों आम लड़कियों जैसी ही थीं, उनमें खास था तो अपने लक्ष्य को पाने का जज्बा| इसी जज्बे ने एक सामान्य लड़की को मुश्किल रास्तों को पार करते हुए अपनी मंजिल पा लेने की हिम्मत दी|

शादी की वजह से टूटा सपना: कोमल की जिंदगी में एक समय ऐसा आया जब वह अंदर से पूरी तरह टूट गईं लेकिन इसके बावजूद उन्होंने खुद को संभाला और अपनी मेहनत से अपना आत्म-सम्मान वापस पाया| गुजरात के अमरेली में सन 1982 में जन्मी कोमल ने अपनी पढ़ाई गुजराती मीडियम से पूरी की| इसके बाद उन्होंने आगे की पढ़ाई के लिए तीन अलग अलग भाषाएं व अलग-अलग यूनिवर्सिटी चुनीं| उन्होंने तीन भाषाओं का ज्ञान प्राप्त किया| उनके अंदर कुछ बड़ा करने का जज्बा था लेकिन उनके सपने तब बिखरते हुए दिखे जब 26 साल की उम्र में उनकी शादी हुई|

एनआरआई से हुई शादी:2008 में न्यूजीलैंड में रहने वाले एक एनआरआई लड़के से शादी करने के बाद कोमल की जिंदगी में ऐसा भूचाल आया जिसने उन्हें पूरी तरह से तोड़ कर रख दिया| 2008 में जब कोमल की शादी तय हुई तब गुजरात लोक सेवा आयोग की मेंस परीक्षा को उन्होंने क्लियर कर लिया था| उनका पति नहीं चाहता था कि वह गुजरात पब्लिक सर्विस कमीसन का साक्षात्कार दे |क्योंकि वह शादी के बाद कोमल को अपने साथ न्यूजीलैंड लेकर जाना चाहता था |तय हुई शादी के कारण उन्हें इंटरव्यू में भाग न लेने का फैसला करना पड़ा| जिससे शादी होती है तो उससे प्यार भी होने लगता है | यही वजह है कि कोमल ने इंटरव्यू छोड़ दिया |इतने बड़े त्याग के बाद भी कोमल को वो खुशियां भी न नसीब हो सकीं जो एक नवविवाहित लड़की अपने लिए चाहती है|

दहेज के लालच में टूटी शादी:शादी हुए अभी 15 दिन ही हुए थे जब उनका वैवाहिक जीवन बसने से पहले ही उजड़ गया| कोमल अनजाने में दहेज के लालची लोगों के चंगुल में फंस गई थीं| यही वजह रही कि उनके ससुराल वालों ने दहेज के लिए उन्हें घर से निकाल दिया| इस में उनके पति ने भी उनका बचाव नहीं किया और 15 दिनों बाद कोमल को अकेला छोड़ कर विदेश चले गए| उसके बाद वो कभी लौटकर नहीं आए| उनके लौटने की आस में बैठी कोमल ने उन्हें बहुत खोजा, उनके बारे में सब जगह पता किया लेकिन कहीं भी उनकी कोई जानकारी नहीं मिली| कोमल ने इसके बाद न्यूजीलैंड जाने का प्रयास किया तो वो कामयाब नहीं हो पाईं| कोमल ने न्यूजीलैंड के प्रधानमंत्री को इस मामले में एक पत्र भी लिखा था| सरकार की तरफ से कोमल को इस पर जवाब भी दिया गया था | कोमल को उम्मीद थी कि उनका पति लौटकर वापस जरूर आएगा, लेकिन ऐसा नहीं हो पाया |इस बीच उन्हे सरकारी स्कूल में टीचर की नौकरी भी मिल गई| उन्होंने नौकरी के साथ ही यू पी एस सी की तैयारी शुरू कर दी थी |

मुश्किल हालातों से लड़ पा ली मंजिल:सब जगह से हारने के बाद कोमल वापस अपने माता-पिता के घर लौट आईं| लेकिन उनकी जिंदगी में अभी चैन कहां था| खुद दहेज की बलि चढ़ने वाली कोमल को शादी

टूटने की वजह से लोगों के ताने सुनने पड़े| इन तानों ने उन्हें इतना परेशान किया कि उन्होंने घर से दूर जाकर रहने का फैसला कर लिया| कोमल अपने घर से दूर एक गांव में जाकर शिक्षिका की नौकरी करने लगी| ये एक ऐसा गांव था जहां न इंटरनेट की सुविधा थी और न ही अंग्रेजी का अखबार आता था| इसके बावजूद उन्होंने अपनी तैयारी जारी रखी| वे तैयारी के दौरान एक स्कूल में भी पढ़ाती थीं|

कोमल मुश्किल हालातों से जूझती हुईं 3 बार यूपीएससी परीक्षा में बैठीं लेकिन उन्हें सफलता न मिल सकी| इसके बावजूद कोमल ने हार नहीं मानी और चौथी बार भी परीक्षा में बैठी| इस बार उनकी मेहनत रंग लाई और वह सफल हो गईं| अपने चौथे प्रयास में उन्होंने ऑल इंडिया 591वीं रैंक हासिल की और आईआरएस ऑफिसर बन गईं| इसके बाद कोमल ने दूसरी शादी की और अभी वह एक बच्ची की माँ हैं| कोमल ने पति के द्वारा किये गए अपमान व तिरस्कार को एक चुनौती मान लिया| बड़ी सिद्दत और जुनून के साथ अपनी अस्मिता के लिए संघर्ष करने लगी| यही वो जुनून है जिसने उसे उसके लक्ष्य तक पहुंचा दिया|

9

मोहम्मद अली शिहाब,IAS

"मिसाल कायम करने के लिए अपना रास्ता स्वयं बनाना होता है|"

गरीब मां ने भेज दिया अनाथालय, टोकरियां बेचीं, चपरासी बने, फिर मेहनत ने बदल दी किस्मत और बन गए IAS

जहां बहुत से लोग असफलता को स्वीकार कर अपनी बुरी किस्मत मान लेते हैं वहीं कुछ लोग ऐसे भी हैं जो हालातों के आगे डटकर खड़े रहते हैं और दुनिया को अपना लोहा मनवाते हैं | उन्हीं लोगों के बीच से जब कोई मोहम्मद अली शिहाब निकलता है तब दुनिया जान पाती है कि सच्ची लगन और मेहनत से किस्मत के लिखे को भी बदला जा सकता है| ये नाम उस शख्स का है जिसने घोर गरीबी में भी अपने जुनून को जिंदा रखा और अपने लक्ष्य को हासिल करके ही दम लिया | तो चलिए जानते हैं उस शख्स के बारे में जिसकी किस्मत ने उसे अनाथालय में अपना बचपन बिताने पर मजबूर किया लेकिन उनकी मेहनत और जुनून ने उन्हें बैठा दिया आईएएस अधिकारी के पद पर|

छोटी उम्र में झेला बड़ा दुख:केरल के मलप्पुरम जिले के एक गांव, एडवान्नाप्पारा में मोहम्मद अली शिहाब का जन्म 15 मार्च 1980 को हुआ था | उनकी माता का नाम फातिमा था | वे अपने साथ गरीबी का अभिशाप लिए पैदा हुए थे| घर की आर्थिक स्थिति इतनी कमजोर

थी कि छोटी सी उम्र में ही शिहाब अपने पिता के साथ पान और बांस की टोकरियां बेचने लगे थे| इससे किसी तरह घर का गुजारा चलता था लेकिन ये सहारा भी छिन गया जब 1991 में एक लंबी बीमारी के कारण शिहाब के पिता इस दुनिया से चल बसे| इस समय तक शिहाब की उम्र इतनी कम थी कि वह घर की जिम्मेदारी उठाने के लिए खुद से कोई काम भी नहीं कर सकते थे| पिता के जाने के बाद पांच बच्चों का पेट भरने की जिम्मेदारी इनकी मां पर आ गई| मां ना तो पढ़ी लिखी थीं और ना ही उन्हें ऐसा कोई काम मिल रहा था जिससे वो अपने बच्चों का पालन पोषण कर सके|

शुरू हुआ अनाथालय का जीवन:गरीबी के कारण मां अपने बच्चों का पेट तक भरने में भी सक्षम न हो सकी| एक मां अपने बच्चों को कभी खुद से अलग नहीं कर पाती लेकिन जब वो उन्हें भूख से बिलखता देखती है तब उसे सही गलत कुछ भी समझ नहीं आता| ऐसा ही कुछ शिहाब की मां के साथ हुआ| पति की मौत के मात्र दो महीने बाद ही फातिमा ने 11 वर्षीय शिहाब,8 साल की बेटी सौहरबी और 5 वर्षीय बेटी नसीब को कोझिकोड स्थित कुट्टीकट्टूर मुस्लिम अनाथालय में डाल दिया | दाने दाने को मोहताज शिहाब की गरीब मां ने भूख से हार कर अपने बच्चों को ये सोचते हुए अनाथालय में डाल दिया कि वहां कम से कम उन्हें पेट भर खाना तो मिलेगा| भले ही अनाथालय के बारे में लोग कुछ भी सोचें लेकिन शिहाब के लिए ये अनाथालय किसी वरदान से काम नहीं था | यहां उन्हें केवल पेट भरने को खाना ही नहीं बल्कि वो रास्ता भी मिला जो उनकी ज़िंदगी बदलने वाला था| यहां रहते हुए शिहाब का ध्यान पढ़ाई लिखाई कि तरफ गया और अच्छी बात ये हुई कि वह अपने पढ़ाई लिखाई में वहां मौजूद अन्य बच्चों से वो काफी होशियार निकले|

गुजर गए 10 साल:शिहाब इस अनाथालय में 10 सालों तक रहे| इस दौरान उन्होंने एक बुद्धिमान छात्र के रूप में सबका ध्यान अपनी तरफ आकर्षित किया| भले ही अनाथालय सामान्य स्कूलों जितना सही ना हो लेकिन शिहाब जिन हालातों से निकल कर आए थे उस हिसाब से उनके लिए ये जगह किसी जन्नत से कम नहीं थी| यहां रहते हुए उन्होंने जो अनुशासन सीखा उससे इन्हें अपना जीवन व्यवस्थित करने में बहुत

मदद मिली| 10 साल अनाथालय में रहने के बाद घर लौटकर शिहाब ने डिस्टेंस मोड से पढ़ाई की | शिहाब ने यहां रहते हुए खुद को इस काबिल बना लिया कि यूपीएससी क्लियर करने के अलावा इन्होंने विभिन्न सरकारी एजेंसियों द्वारा आयोजित 21 परीक्षाओं को पास भी किया| इस दौरान उन्होंने वन विभाग, जेल वार्डन और रेलवे टिकट परीक्षक आदि के पदों के लिए परीक्षाएं दी थीं| शिहाब उस समय 25 साल के थे जब इन्होंने सिविल सेवा की परीक्षा देने का सपना देखना शुरू किया|

लेकिन यूपीएससी की परीक्षा देने से पहले भी शिहाब ने बहुत से काम किए| उन्होंने एसएसएलसी की परीक्षा अच्छे अंकों से पास करते हुए टीचर ट्रेनिंग कोर्स किया जिसके बाद उन्हें शिक्षक की नौकरी मिल गई| इसके बाद इन्होंने प्रतियोगी परीक्षाओं की तैयारी शुरू कर दी| शिहाब ने अपने संघर्ष के दिनों को याद करते हुए कहा था कि "जब वह अनाथालय में थे तब देर रात तक पढ़ाई करते थे| इस दौरान अन्य साथियों की नींद खराब न हो इसके लिए शिहाब सर पर चादर ओढ़कर उसके भीतर लैंप की रोशनी में पढ़ाई किया करते थे|" इस संघर्ष के दिनों के दौरान शिहाब ने निजी कार्यालय में चपरासी से लेकर होटल में हेल्पर, क्लर्क और मोटर ऑपरेटर जैसे काम भी किए|

पूरा हुआ सपनाःइसके बाद शुरू हुआ यूपीएससी परीक्षाएं देने का सफर लेकिन यह सफर आज बताने में जितना आसान लगता है तब इतना आसान था नहीं| सिविल सर्विस की परीक्षा के पहले दो प्रयासों में शिहाब को केवल असफलता ही हाथ लगी| लेकिन वह हिम्मत नहीं हारे और कोशिश करते रहे| आखिरकार वह साल आ ही गया जब एक गरीब पान बेचने वाले पिता और लाचार मां का बेटा अपना सपना पूरा करने में सफल रहा| शिहाब ने 2011 में अपने तीसरे प्रयास में यूपीएससी परीक्षा क्लियर कर ली| यहां उन्हें ऑल इंडिया 226वां रैंक प्राप्त हुआ| इंग्लिश में इतने अच्छे ना होने के कारण शिहाब को इंटरव्यू के दौरान ट्रांसलेटर की ज़रूरत पड़ी थी, जिसके बाद उन्होंने 300 में से 201अंक हासिल किए| इसके बाद शिहाब नागालैंड के कोहिमा में पदस्थ हुए| आज शिहाब अपने जीवन में संघर्ष करते हुए अपने मुकाम तक पहुँच चुके हैं| यह सब उनकी लगन और मेहनत का ही परिणाम है|

10

भंवर लाल आर्य ,व्यापारी

“आप में अगर शुरू करने की हिम्मत है,तो सफल होने की भी हिम्मत है|”

भंवरलाल आर्य: गरीबी में बचपन बीता, पेट के लिए मज़दूरी तक करनी पड़ी, आज करोड़ों के मालिक हैं!

जिंदगी में कई ऐसे मौके आते हैं, जब इंसान को लगता है कि सब खत्म हो गया है| हमें समझ नहीं आता कि अब आगे कैसे बढ़ा जाए| ऐसे समय में कुछ लोगों की कहानियाँ हमें प्रेरित करती हैं और आगे बढ़ने का हौसला देती हैं| कुछ ऐसी ही कहानी राजस्थान के भंवरलाल आर्य की है, जिन्होंने जिंदगी का वो दौर देखा है जिसकी शायद हम और आप कल्पना भी नहीं कर सकते| बचपन के दिनों में भंवरलाल के घर में गरीबी और आर्थिक तंगी का माहौल इतना अधिक था कि उन्हें मज़दूरी तक करनी पड़ी| मगर उन्होंने हार नहीं मानी और अपनी मेहनत से खुद का भाग्य बदल दिया | आज वो न सिर्फ करोड़पति हैं, बल्कि दूसरों के

लिए प्रेरणा भी हैं|

12 साल की उम्र में मज़दूरी कर अपना पेट पाला: भंवर लाल जून 1969 को राजस्थान के कल्याणपुर तहसील के बगाणियों की ढाणी के एक गरीब परिवार में पैदा हुए थे | उनके घर की आर्थिक स्थिति बहुत खराब थी| पिता राणाराम मुंडण और मां राजोदेवी को पीने का पानी भी 6-7 किलोमीटर दूर से लाना पड़ता था|

माता-पिता चाहते थे कि उनके बच्चे को तकलीफ न हो| इसलिए उन्होंने भंवरलाल को लालन-पालन के लिए उनके नानी के घर भेज दिया, जहां से उन्होंने 5वीं तक पढ़ाई की| 12 वर्ष की आयु आते-आते भंवरलाल के हालात इतने बुरे हो गए थे कि उनके लिए दो वक्त की रोटी जुटाना भी मुश्किल होने लगा था|

परिणाम स्वरूप छोटी उम्र में ही उन्होंने काम के लिए हाथ-पैर मारना शुरू कर दिया था| आसपास काम न मिलने के कारण उन्होंने मुंबई, कोलकाता, बैंगलोर जैसे तमाम बड़े शहरों रुख किया| इस दौरान उन्हें अपना पेट पालने के लिए मज़दूरी तक करनी पड़ी| 12 साल की उम्र में भंवरलाल के लिए मज़दूरी करना बहुत मुश्किल भरा था मगर, परिवार की आर्थिक स्थिति के सामने वो बेबस थे|

भंवरलाल अपने काम के प्रति बहुत ईमानदार थे| इसका फायदा उन्हें आगे मिला| कर्नाटक के एक सेठ ने उन्हें अपनी दुकान में रख लिया| शुरुआत में उनका मालिक उन्हे रहना, खाना और कपड़ा ही देता था| बाद में वो उन्हें 50 रुपए वेतन के रूप में भी देने लगा| कहते हैं कि यह दुकान ही थी, जिसने भंवरलाल की जिंदगी बदलकर रख थी|

30 हजार रुपए से शुरू किया था कपड़े का व्यापार : दरअसल, इस दुकान में राष्ट्रीय स्वयंसेवक संघ के लोगों का आना-जाना था| उनके कहने पर भंवरलाल ने संघ की शाखाओं में जाना शुरू कर दिया था| बाद में उन्हें संघ की शाखाओं से इतना लगाव हो गया कि इसके लिए उन्होंने अपनी नौकरी छोड़ दी| मालिक उन्हें 22 दिनों के शिविर में जाने की छुट्टी नहीं दे रहा था| भंवरलाल को संघ के शिविर में क्रांतिकारियों के जीवन प्रसंगों ने बहुत प्रभावित किया|

भगत सिंह के बलिदान ने उनके मन पर गहरा प्रभाव छोड़ा| इस शिविर के बाद भंवरलाल ने कई अन्य नौकरियां की और लगातार आगे बढ़ते रहे| कई वर्षों के संघर्ष के बाद उन्होंने तय किया कि वो अपनी खुद का काम करेंगे| इसी सोच के साथ उन्होंने 30 हजार रुपए से कपड़े का व्यापार शुरु किया और खुद को पूरी तरह से इसके लिए समर्पित कर दिया| जल्द मेहनत रंग लाई|

महज़ एक साल के भीतर भंवरलाल एक लाख रुपए तक का मुनाफा कमाने में सफल रहे| आगे 1990 में उन्होंने एक दुकान खरीदी और अपने छोटे भाई के साथ मिलकर 'जनता टेक्सटाइल' की नींव डाल दी| फिर वो दिन आया, जिसका भंवरलाल को दशकों से इंतजार था| अब इलाके में वो मशहूर हो चुके थे| इतने मशहूर वो अपने क्षेत्र के व्यापारी संघ के अध्यक्ष चुने गए|

2001 में भंवरलाल आर्य राजीव दीक्षित के 'आजादी बचाओ आंदोलन' का हिस्सा भी बने| उनके नाम स्कूल निर्माण, मंदिर निर्माण, अस्पताल, जैसे कई समाजिक कार्य दर्ज हैं|भाग दौड़ भरी इस जिंदगी में भंवरलाल कब क्रोनिक अस्थमा का शिकार हो गए उन्हें पता ही नहीं चला| तमाम तरह के इलाज के बाद उन्हें फायदा नहीं मिला तो उन्हें योग का रास्ता चुना| योग से उन्हें लाभ मिला तो उन्हें आगे का जीवन योग के नाम कर दिया|

'जनता टेक्सटाइल' का टर्न ओवर 100 करोड़ से अधिक है : अलग-अलग मंचों पर वो योग गुरू बाबा रामदेव के साथ नज़र आ चुके हैं| वहीं उनकी "जनता टेक्सटाइल" तरक्की पर है और वो देश के करोड़पतियों में शुमार हैं| उनकी जनता टेक्सटाइल का वार्षिक टर्न ओवर 100 करोड़ से भी अधिक हो चुका है| अपने सामाजिक कार्यों के लिए भंवरलाल कर्नाटक राज्य उत्सव, संस्कार भारती से योग रत्न, जैसे कई पुरस्कारों से भी सम्मानित किए जा चुके हैं|

जहां गांवों में लाईट नहीं, पानी नहीं, जहां लोगों के लिए दो वक्त का भोजन जुटाना भी बड़ी उपलब्धि हो वहां से निकलकर अपने परिवार और साथ काम करने वाले लोगों को ऊंचाईयों की बुलंदियों पर ले जाना बड़ी बात है| यही कारण है कि भंवरलाल की कहानी समाज के लिए किसी

प्रेरणा से कम नहीं है| उनकी कहानी बताती है कि दृढ़ संकल्प, साफ नियत और कड़ी मेहनत से जीवन में कुछ भी हासिल किया जा सकता है|

11

टी वी सुंदरम,व्यापारी

“हमारा भविष्य हमारे वर्तमान पर निर्भर होता है, इसलिए अपने लक्ष्य पर काम करें|”

गुलाम भारत का वो वकील जिसने बिजनेस के लिए छोड़ी नौकरी, देश को दिया अरबों का TVS साम्राज्य|

इंसान के अंदर का जुनून उससे कुछ भी करवा सकता है| ऐसे ही जुनूनी लोगों ने भारत में बिजनेस को मजबूत किया और अपने व्यापार की ऐसी नींव रखी जिस पर आज अरबों का साम्राज्य खड़ा है| उनके शुरू किये बिजनेस को तो आज हर कोई जानता है लेकिन उन्हें जानने वाले बहुत कम लोग हैं| ऐसा ही एक प्रचलित और लोकप्रिय ब्रांड है टी वी एस|

आज भी TVS की मोटर बाइक लोगों की पसंदीदा बाइक्स की लिस्ट में शामिल है लेकिन क्या आप जानते हैं कि इसकी शुरुआत किसने और कैसे की?

आजादी से पहले की TVS की स्थापना : ये कहानी है टीवीएस ग्रुप के संस्थापक टी वी सुन्दरम अयंगर की| एक भारतीय उद्योगपति और ऑटोमोबाइल सेक्टर के बड़े बिज़नेसमैन जिन्होंने 1930 के दशक में

तब टीवीएस ग्रुप की शुरुआत की जब मोटर की सवारी आम लोगों के लिए किसी सपने जैसी थी| टी वी सुन्दरम अयंगर ने मदुरै के ग्रामीण क्षेत्र में बस सेवा शुरू की थी| 1911 में उन्होंने 'टी वी सुन्दरम अयंगर एंड संस' नाम से एक बस कंपनी की शुरुआत की| आगे चल कर यही कंपनी ऑटोमोबाइल निर्माण के क्षेत्र में एक बहुत बड़ा नाम बनी और 'टीवीएस ग्रुप' के नाम से जानी गई| आज 'टीवीएस ग्रुप' भारत के बड़े बिज़नेस क्षेत्र में किसी पहचान की मोहताज नहीं है|

पिता के कहने पर बने वकील : 22 मार्च 1877 में तमिलनाडु के थिरुनेल्वेली जिले में थिरुक्कुरुन्गुदी में जन्में टीवी सुन्दरम अयंगर का जन्म के पिता चाहते थे कि वह एक सफल वकील बनें| ऐसे में अयंगर ने पिता की बात का मान रखा और वकालत करने के बाद एक वकील के रूप में भी काम किया| हालांकि अयंगर नौकरी के बंधन में नहीं बंधना चाहते थे| उनका सपना था कि वह बिजनेस के आसमान में एक बड़ी और ऊंची उड़ान भरें लेकिन जितना समय नियति ने उनकी नौकरी के लिए तय किया था उन्हें उतना तो पूरा करना ही था| एक वकील होने साथ साथ उन्होंने भारतीय रेलवे में भी काम किया| इतना ही नहीं बल्कि वह एक बैंक कर्मचारी भी रहे|

नौकरी छोड़ शुरू किया बिजनेस : जिस शख्स का दिल बचपन से व्यापार पर टिका हो उसे भला नौकरी में खुशी कहां से मिलती| उनका परिवार भले ही उनकी नौकरियों से खुश हो लेकिन वह कुछ बड़ा करना चाहते थे| आखिर वह समय आ ही गया जब उन्होंने खुद को नौकरी के बंधन से आजाद करते हुए अपने मन का काम किया और अपने बिज़नेस की शुरुआत कर दी|

ये साल 1911 में था, देश की हवा तक अंग्रेजों की गुलाम थी| भारतीयों को आगे बढ़ने की मौके ना के बराबर मिल रहे थे| जो भारतीय सरकारी नौकरियों में होते हुए अंग्रेजों के अधीन काम कर रहे थे केवल वही कुछ आगे बढ़ रहे थे| ऐसे में सरकारी नौकरी छोड़ कर बिजनेस में कदम रखना बेहद जोखिम भरा काम था लेकिन टीवी सुन्दरम ने ये जोखिम उठाया और मोटर परिवहन बिज़नेस में कदम रखा| इसी साल उन्होंने 'टी वी सुन्दरम अयंगर एंड संस' की स्थापना की|

ग्रामीण क्षेत्रों में शुरू की बस सेवा : अयंगर ने हमेशा से एक सपना देखा था कि वह मदुरै के ग्रामीण क्षेत्रों में बस सेवा शुरू करेंगे, जिससे कि ग्रामीण क्षेत्रों में रहने वाले लोगों को बस की सुविधा मिल सके| आज भी भारत के कई ग्रामीण क्षेत्रों में बस सेवा नहीं है, ऐसे में उस समय ये सोच एक सपने जैसी थी लेकिन अयंगर ने इस सपने को सच कर दिखाया और मदुरै शहर से बस सेवा शुरू की| टीवी सुंदरम अयंगर की इसी कंपनी ने आगे ऑटो सेक्टर में 'टीवीएस ग्रुप' के नाम से बड़ी सफलता हासिल की|

अयंगर सिर्फ बस सेवा तक ही नहीं रुके, बल्कि उन्होंने समय की मांग के साथ बिजनेस को भी बढ़ाया| दूसरे विश्व युद्ध के दौरान मद्रास प्रेसीडेंसी में पेट्रोल की भारी कमी के कारण इसकी बहुत मांग बाढ़ गई| ऐसे में सुन्दरम ने टीवीएस गैस प्लांट की शुरुआत की| इसके बाद उन्होंने 'मद्रास ऑटो सर्विस लिमिटेड' और 'सुंदरम मोटर्स लिमिटेड' के साथ-साथ रबर रिट्रेडिंग के कारखाने भी लगाए|

विधवा बेटी की करवाई थी शादी :टीवी सुंदरम केवल एक सफल बिज़नेसमैन ही नहीं थे बल्कि इसके साथ साथ वह कला के संरक्षक और विचारक भी थे| जिस दौर में विधवा की जिंदगी बेरंग कर दी जाती थी, दोबारा अपना जीवन शुरू करने का अधिकार उससे छीन लिया जाता था, उस दौर में टीवी सुंदरम ने गांधीजी के कहने पर अपनी विधवा बेटी टी एस सौन्दरम की दोबारा शादी करवाई थी| उनके इस कार्य की हर तरफ प्रशंसा हुई| टीवी सुंदरम ने सत्ता का लालच भी नहीं रखा| उन्होंने अपने बिजनेस को ऊंचाइयों तक पहुंचा कर अपना सपना पूरा किया और फिर सही समय पर बिज़नेस की बागडोर अपने बेटों को दी| उनके इस फैसले की भी बड़े स्तर पर प्रशंसा हुई थी|

खड़ा किया TVS साम्राज्य : जिन्होंने वकालत से अपना करियर शुरू किया और फिर रेलवे और बैंक में सरकारी नौकरियां कीं उनके लिए बिजनेस के क्षेत्र में आना और 'टीवीएस ग्रुप' जैसे बिजनेस साम्राज्य को शुरू करना किसी काल्पनिक कहानी जैसा लगता है| आज टीवी सुंदरम द्वारा शुरू किये गए टीवीएस ग्रुप में 40000 से ज्यादा लोगों को काम मिला है| इसका व्यापार सिर्फ ऑटोमोबाइल सेक्टर में ही नहीं बल्कि

आईटी सेवाओं और कंसल्टेंसी के क्षेत्र में भी फैला हुआ है| रिपोर्ट्स के अनुसार, 2018-19 में टीवीएस ग्रुप का रेवेन्यू लगभग 20,000 करोड़ अमेरिकी डॉलर था|

अपने व्यापार को मजबूती दे कर टीवी सुन्दरम अयंगर 78 साल की उम्र में 28 अप्रैल, 1955 को कोडाईकनाल में इस दुनिया को अलविदा कह गए| लेकिन उन्होंने जो नींव रखी, उस पर इतना बड़ा साम्राज्य खड़ा हो चुका है जो कई साल तक अपने नाम के साथ उन्हें जीवित रखेगा|

12

बजरंग,जुनूनी इंसान

“हर इंसान में कोई न कोई प्रतिभा है लेकिन वो अक्सर इसे दूसरों के जैसा बनाने में नष्ट कर देते हैं|”

सिक्योरिटी ने उड़ता हुआ प्लेन नहीं देखने दिया, 5वीं पास दुकानदार ने 8 साल मेहनत कर बना दिया हवाई जहाज़|

इंसान अपनी ज़िद पर आ जाए तो उसके लिए कुछ भी असंभव नहीं| इसी ज़िद के साथ राजस्थान के एक साधारण से दुकानदार ने एयरक्राफ्ट बना दिया और अब वह इसे उड़ाने की परमिशन मांग रहा है| ये अनोखी कहानी है राजस्थान के चूरू जिले के एक छोटे से गाँव के दुकानदार बजरंग की |

8 साल में बना दिया एयरक्राफ्ट: बजरंग के जिद की ये कहानी उसके बचपन के प्लेन देखने के शौक से शुरू हुई| इसी शौक को पूरा करने के लिए वह जयपुर के इंटरनेशनल एयरपोर्ट पर गए लेकिन यहां बजरंग को सिक्योरिटी गार्ड ने टेक ऑफ करता प्लेन नहीं देखने दिया| यही बात उनके दिल पर लग गई| इसके बाद उन्होंने ठान लिया कि वह खुद का

एयरक्राफ्ट बना कर ही दम लेंगे| ये इतना आसान नहीं था, तभी तो इस जिद को पूरा होने में 8 साल लग गए| इन 8 साल में अपनी मेहनत के दम पर बजरंग ने टू-सीटर एयरक्राफ्ट तैयार कर लिया|

चलाते हैं मोबाइल रिपेयरिंग की दुकान :जिले के राजलदेसर कस्बे के गांव दस्सुसर निवासी बजरंग की मानें तो उनका प्लेन 180 किमी प्रति घंटे की रफ्तार से उड़ सकता है| 25 वर्षीय बजरंग उर्फ बृजमोहन गांव में ही मोबाइल और कंप्यूटर रिपेयर की दुकान चलाते हैं| बजरंग ने एयरक्राफ्ट बनाने का खर्च इस दुकान से होने वाली कमाई से ही किया है| इसके अलावा 10-12 लोगों ने भी उनकी इस काम में आर्थिक मदद की है| बजरंग ने इस एयरक्राफ्ट को बनाने में करीब 15 लाख रुपए खर्च किये हैं| उन्होंने बताया कि इस एयरक्राफ्ट में वैगनआर कार का इंजन लगा गया है| फ्यूल टैंक 45 लीटर का है, जिससे 150 किलोमीटर तक उड़ान भरी जा सकती है|

मोबाइल व कम्प्यूटर रिपेयरिंग का काम करने वाले बजरंग ने एयरक्राफ्ट बनाने से पहले एक ड्रोन भी बनाया था| इस ड्रोन में उन्होंने कम्प्यूटर हार्ड डिस्क में लगने वाली मोटर का प्रयोग किया था| उन्होंने ड्रोन का रिमोर्ट भी तैयार किया और इसे आसमान में उड़ाया|

शिक्षक को भी है गर्व :अपनी 8 साल की मेहनत के बाद बनाए इस एयरक्राफ्ट से बजरंग ने सबको चौंका दिया है| फिलहाल ये एयरक्राफ्ट उड़ नहीं पाया है| वह अपने इस आविष्कार के लिए सरकार से आर्थिक सहयोग और इस एयरक्राफ्ट को उड़ाने की परमिशन देने की मांग कर रहे हैं| बचपन में पढ़ाई में साधारण विद्यार्थी रहे बजरंग की इस कामयाबी को देख कर उनके टीचर भी हैरान हैं| उनके बचपन के अध्यापक दानाराम के अनुसार बजरंग मात्र पांचवीं क्लास तक ही पढ़े हैं लेकिन इसके बावजूद उन्होंने गजब की प्रतिभा का प्रदर्शन किया है| उसका इनोवेशन देख कर उनके शिक्षक को भी उन पर गर्व है|

13

श्रीकांत पंतवाने, पायलट

"जो आसमां को छूने का हौसला रखते हैं वो जमीन पर पड़ने वाले कदमों के निशान नहीं गिना करते|"

पहले ऑटो रिक्शा चलाया, अब प्लेन चलाएंगे: गरीब परिवार का बेटा जिसने मेहनत से पायलट बनने का सपना पूरा किया|

मंजिल उन्हीं को मिलती है, जिनके सपनों में जान होती है, पंख से कुछ नहीं होता, हौसलों से उड़ान होती है| इन पक्तियों को सच कर दिखाया है नागपुर के श्रीकांत पंतवाने ने, जिन्होंने स्कूली दिनों में डिलीवरी बॉय का काम किया, ऑटो चलाया| गरीबी सपनों के आगे रूकावट बनी लेकिन हिम्मत नहीं हारी| उनके जुनून ने उन्हें पायलट बना दिया|

गरीबी में बीता बचपन : श्रीकांत पंतवाने का जन्म बेहद गरीब परिवार में हुआ| पिता चौकीदार की एक मामूली सी नौकरी करते थे| घर की आर्थिक हालत ठीक नहीं थी| श्रीकांत का बचपना गरीबी और बेबसी

में बीता| लेकिन बचपन से ही श्रीकांत एक तेज तर्रार बच्चे थे| वे पढ़ाई में भी काफी अच्छे थे| बड़े होकर कुछ बनना चाहते थे| लेकिन पिता की कमाई से बमुश्किल परिवार का पेट भरता था| ऐसे में पढ़ाई के लिए अधिक खर्च करना पिता के बस की बात नहीं थी|

डिलीवरी बॉय से लेकर चलाया ऑटो रिक्शा :तंगी के बावजूद श्रीकांत के हौसले पस्त नहीं हुए| पैसों की कमी के चलते उन्हें स्कूली दिनों में ही डिलीवरी बॉय का काम करना पड़ा| इसके बाद एक समय ऐसा भी आया जब श्रीकांत को पढ़ाई या काम में से एक को चुनना पड़ा| ऐसे में श्रीकांत ने घर की आर्थिक स्थिति को देखते हुए ऑटो रिक्शा चलाना शुरू कर दिया| फिर जिद ने उन्हें बना दिया पायलट |

श्रीकांत घर के बदतर हालात को सुधारने के लिए ऑटो रिक्शा चलाते रहे| लेकिन उनके अंदर का जुनून और जिद ने उन्हें कुछ कर दिखाने के लिए प्रोत्साहित किया| एक बार वो एयरपोर्ट पर डिलीवरी देने गए| तभी उड़ते हुए हवाई जहाज ने उनके सपनों में उड़ान भर दी| उन्होंने पायलट बनने की ठान ली|

उसी दौरान श्रीकांत की मुलाकात चाय स्टाल के वेंडर से हुई जिसने इन्हें एविएशन रेग्युलेटर डीजीसीए यानी डायरेक्टोरेट जनरल ऑफ सिविल एविएशन पायलट स्कॉलरशिप प्रोग्राम के बारे में बताया|

फिर श्रीकांत ने मध्यप्रदेश के एक फ्लाइट स्कूल में एडमीशन ले लिया| इसके साथ ही परिवार और खुद की पढ़ाई के लिए एक कंपनी में एक्सीक्यूटिव की जॉब भी करने लगे| अब उनके आगे सबसे बड़ी समस्या अंग्रेजी भाषा की थी| लेकिन उन्होंने अपनी कमजोरी को हावी नहीं होने दिया| श्रीकांत ने इस समस्या से भी निजात पा ली और फ़्लाइंग एग्जाम पास कर लिया| जिसके बाद उन्होंने इंडिगो एयरलाइन्स ज्वाइन किया| आज उनकी जिद ने उन्हें एक पायलट बना दिया है| वे दूसरे युवाओं के लिए प्रेरणादायक हैं|

14

रामवीर ,जैविक सब्जी उत्पादक

"जब आप सपने देखना छोड़ देते हैं आप जीना छोड़ देते हैं|"

तीन मंजिला मकान को बना दिया खेत, नौकरी छोड़ सालाना कमा रहे 70 लाख रुपए|

कभी-कभी कोई घटना पल भर में आपकी पूरी जिंदगी बदल सकती है| ऐसी ही कहानी है उत्तर प्रदेश में बरेली के रहने वाले रामवीर सिंह की|

नौकरी छोड़, सब्जी उगानी शुरू कर दी :साल 2009 में, रामवीर सिंह के दोस्त के चाचा को कैंसर हो गया| डॉक्टरों ने बताया कि कीटनाशक की वजह से उन्हें कैंसर हुआ है| इसको सुनकर रामवीर स्तब्ध रह गए| तभी उन्होंने अपने परिवार को रसायनिक युक्त सब्जी खाने से बचाने के लिए सब्जी उगाने का फैसला किया|

रामवीर सिंह के लिए यह सफर आसान नहीं था| उन्होंने अपनी फुल टाइम पत्रकारिता वाली जॉब को छोड़ दिया| इसके बाद जैविक सब्जियां उगाने के लिए अपने पैतृक भूमि बरेली चले आए| वहां उन्होंने

एक फ्रीलांस पत्रकार के रूम में काम करना शुरू किया| ताकि वे अपनी सब्जियों की खेती में अधिक समय दे सकें| आज रामवीर सिंह के तीन मंजिला मकान पर सब्जियों का अंबार लगा है| बालकनी में तोरई, तो छत पर टमाटर लगे हुए हैं| उन्होंने बरेली जैसे छोटे से शहर में आधुनिक हाईड्रोपोनिक (Hydroponic) खेती करना शुरू कर दिया| वे सब्जियां बेचकर सालाना लाखों रुपए भी कमा रहे हैं|

दुबई से मिला आइडिया :रामबीर साल 2017-18 में वह दुबई गए थे| वहां उन्होंने हाईड्रोपोनिक खेती देखी थी| वे उससे काफी प्रभावित हुए| इस आधुनिक खेती में मिट्टी के बिना पानी से खेती की जा सकती है| साथ ही कीटनाशक संक्रमण से बचा जा सकता है| इसके अलावा 80 प्रतिशत पानी की भी बचत होती है| फिलहाल, वहां से लौटने के बाद उन्होंने कोलकाता और मुंबई के कुछ जानने वालों से भी इसकी जानकारी हासिल की| इंटरनेट भी खंगाला| इसके बाद उन्होंने बरेली में पीलीभीत रोड पर स्थित अपने मकान में आधुनिक खेती करने लगे|

कैसे किया हाईड्रोपोनिक्स सिस्टम का इस्तेमाल: इसके लिए रामवीर ने अपनी बालकनियों और खुली जगहों को खेती के लिए चुना| हैपोड्रोपोनिक्स सिस्टम को व्यवस्थित ढंग से करने के लिए पीवीसी पाइप का इस्तेमाल किया| जिसमें थोड़ी थोड़ी दूरी पर छेद कर जालीदार गमले लगाने की जगह बनाई| इन सभी पाइपों को ढलान के साथ एक दूसरे से जोड़ दिया| इसमें सैकड़ों पौधे लगाए| उन पौधों को पानी देने के लिए पाइप के एक छोर से मोटर पंप के द्वारा पानी दिया| जो सभी पाइपों तक होता हुआ वापस टैंक में आ जाता है|

उगाते हैं कई तरह की सब्जियां :रामवीर ने अपने फार्म पर 10,000 से अधिक पौधे लगाए हुए हैं| उनका फार्म 750 वर्ग मीटर क्षेत्र में फैला हुआ है| वह शिमला मिर्च, भिन्डी, मिर्चा, लौकी, टमाटर, फूलगोभी, पालक, पत्ता गोभी, मेथी, स्टाबेरी और हरी मटर उगाते हैं| उनका कहना है कि सभी मौसमी सब्जियों को वे हैपोड्रोपोनिक्स सिस्टम से उगाते हैं| इसे खुद के खाने में तो इस्तेमाल करते ही हैं साथ ही इसे बेचकर लाखों कमाते हैं|

रामवीर सिंह का मानना है कि हैपोड्रोपोनिक खेती बाकी जैविक खेतियों से ज्यादा स्वस्थ और बेहतर है| इसमें उगाई जाने वाली सब्जियों में पोषक तत्वों का बेहतर तरीके से अवशोषण होता है| इसके अलावा इस विधि से मिट्टी के प्रदूषण का भी कोई खतरा नहीं है| यह हानिकारक कीटनाशक दवाइयों से भी आजाद है|

70 लाख रुपए का है सालाना टर्नओवर: उनका तीन मंजिला मकान के अनोखे खेत राहगीरों का भी ध्यान अपनी ओर आकर्षित करते है| कंक्रीट की इमारत के किनारों पर लटकी हुई सब्जियां आज के ज़माने देखना कहां नसीब होता हैं| इसके साथ ही रामवीर 'विम्पा ऑर्गेनिक और हाईड्रोपोनिक्स कंपनी' भी चलाते हैं| जहां वह दूसरे को इस आधुनिक खेती करने में मदद करते हैं| इस कंपनी का रेवेन्यू सालाना 70 लाख रुपए है|

15

अनुराग कुमार ठाकुर,IAS

“जितना कठिन संघर्ष होगा,जीत उतनी ही शानदार होगी|”

पढ़ाई से भागते थे, 12वीं और ग्रेजुएशन में फेल हुए, आज दुनिया उन्हें IAS अनुराग के नाम से जानती है|

भारत की सबसे कठिन परिक्षाओं में से एक है UPSC (Union Public Service Commission) की परीक्षा कई साल मेहनत करने के बाद भी सफ़लता हाथ लगने की गारंटी नहीं होती है| ऐसा माना जाता है कि जो बचपन से पढ़ने में तेज़ हो, जिसकी बुद्धी तीव्र हो वो ही अफ़सर बन सकता है या यूं कहे कि UPSC की परीक्षा पास करता है| हमारे देश में यह आम धारणा है कि अगर कोई छात्र पढ़ाई में कमजोर है तो उसे कमजोर छात्र माना जाता है| समाज से लेकर माता-पिता तक सोचते हैं कि इसे पढ़कर कुछ नहीं बनाया जा सकता है| इसलिए इसे कुछ ऐसा काम दिया जाए जिसमें पढ़ाई न हो |साथ ही एक आम धारणा है कि जो लोग पढ़ाई में हमेशा होशियार रहते हैं वही लोग यू पी एस सी में सफल होते हैं वे आई

ए एस और पी सी एस अधिकारी बन जाते है | कई मायनों में ये कथन सत्य भी है लेकिन ऐसा ज़रूरी नहीं कि सिर्फ़ टॉपर्स ही IAS बनते हैं| स्कूल या कॉलेज में असफ़ल होने के बावजूद भी कोई छात्र IAS अफ़सर बन सकता है| और ऐसे ही एक अफ़सर हैं, IAS अनुराग कुमार |अनुराग ठाकुर ने आम छात्रों को रास्ता दिखाने का काम किया है| उनकी सफलता को देखकर अगर आप जीरो से यू पी एस सी की तैयारी शुरू कर दें और कड़ी मेहनत करें तो आप भी सफलता हासिल कर सकते हैं|

हिन्दी मीडियम स्कूल से हुई थी शुरुआती पढ़ाई: बिहार के ज़िला कटिहार के IAS अनुराग कुमार ने 8वीं तक की पढ़ाई हिन्दी मीडियम स्कूल से हुई| इसके बाद अनुराग का दाखिला अंग्रेज़ी मीडियम स्कूल में हुआ| हिन्दी के छात्र के लिए अचानक से अंग्रेज़ी मीडियम की पढ़ाई आसान नहीं होती, इसके बावजूद उन्होंने 10वीं में 90 प्रतिशत अंक हासिल किए| किस्मत को कुछ और ही मंज़ूर था| अनुराग 12वीं की प्री बोर्ड परीक्षा में गणित में फ़ेल हो गए| हालांकि 12वीं की बोर्ड परीक्षा में वे पास हुए|

ग्रैजुएशन में पास नहीं हुए: स्कूल की पढ़ाई पूरी करने के बाद अनुराग ने दिल्ली विश्वविद्यालय के श्रीराम कॉलेज ऑफ़ कॉमर्स में दाखिला लिया| अनुराग के जीवन का यह एक ऐसा दौर था जब वे एक छोटे से शहर कटिहार से देश की राजधानी दिल्ली में आए थे, जहां उनका पढ़ाई में बिल्कुल भी मन नहीं लगता था| मस्ती में रहने लगे|नतीजतन, वह स्नातक स्तर की पढ़ाई में कई विषयों में फेल हो गए |इसके बाद जब उन्हे घर से डांट पड़ी तो उन्होंने किसी तरह ग्रेजुएशन किया |

ग्रैजुएशन की पढ़ाई के दौरान वे कई पेपर्स में असफ़ल हुए| असफलता ने उन्हे सफलता की राह दिखाई | उन्होंने हार नहीं मानी और ग्रैजुएशन और पोस्ट-ग्रैजुएशन की पढ़ाई पूरी की| पोस्ट-ग्रैजुएशन की पढ़ाई के दौरान ही अनुराग कुमार ने UPSC परीक्षा की तैयारी करने का फैसला किया| अनुराग कहते हैं कि, उन्हे पता था कि उनमें कमी है और सच्चा इंसान वही है जो अपनी कमियों को स्वीकार कर खुद को बेहतर बनाने की कोशिश करता है| अनुराग ने ऐसा ही किया| खूब पढ़ाई की, नोट्स बनाए, जमकर टेस्ट दिए | परीक्षा के हर पहलू को ठीक से

समझा और नतीजा यह रहा कि अनुराग साल 2017 में पहले प्रयास में चयनित हो गए| इस तरह स्कूल में फ़ेल होने वाले छात्र ने पहले ही प्रयास में UPSC क्लियर कर लिया| अपनी रैंक से खुश नहीं थे और उन्होंने दोबारा परीक्षा देने का निर्णय लिया| 2018 UPSC में अनुराग ने ऑल इंडिया 48वां रैंक हासिल किया| इस तरह अनुराक कुमार का आई ए एस बनने का सपना पूरा हुआ| अनुराग को बिहार कैडर मिला | असफ़लता से निराश होने वाले छात्र IAS अनुराग कुमार से प्रेरणा ले सकते हैं|

16

विजय सिंह गुर्जर,IPS

"व्यक्ति अपने विचारों से निर्मित एक प्राणी है| वह जो सोचता है,वही बन जाता है|"

ऊंटों को प्रशिक्षण दिया, खेतों पर पसीना बहाया, कॉन्स्टेबल बनने के बाद ऑनलाइन पढ़ाई की अब IPS अधिकारी हैं|

आई पी एस गुर्जर .....विजय सिंह गुर्जर | यह नाम संघर्ष,मेहनत और कामयाबी की मिसाल है| बुलंद हौसलों के दम पर ऊंची उड़ान भरने और सफलता की सीढ़ी चढ़ने वाले विजय सिंह गुर्जर का जन्म राजस्थान के झुंझुनू जिले के नवलगढ़ उपखंड के गाँव देवीपुरा में हुआ था|उनके पिता का नाम लक्ष्मण सिंह है |

कॉलेज ख़त्म होने के बाद हमारे दिलो-दिमाग में सिर्फ़ यही चलता है-नौकरी कब मिलेगी? नौकरी को ही हम लक्ष्य बनाकर हम पढ़ते हैं या कोई कोर्स करते हैं| दूसरी तरफ़ पेरेंट्स भी बच्चों को उसी दिशा में पढ़ाने की कोशिश करते हैं, जिससे बच्चे को भविष्य में कोई अच्छी नौकरी

मिल जाए | ऐसा ही हुआ राजस्थान के रहने वाले विजय सिंह गुर्जर के साथ| विजय सिंह के पिता किसान और मां गृहणी हैं| उन्होंने गांव के ही एक सरकारी स्कूल में पढ़ाई की| अपने पांच भाई-बहनों में वह तीसरे नंबर पर हैं| पढ़ाई के दौरान वह पिता के पशुपालन में भी मदद करते थे| इसके साथ ही खेती में हाथ बंटाते थे|

किसानी से विजय सिंह के घर की हालत बेहतर नहीं हो पाती थी| ऐसे में वह ऊंटों को जुताई के लिए प्रशिक्षित करते थे| उनके पिता प्रशिक्षित ऊंटों को वह पुष्कर मेले में बेचने का काम करते थे| इससे घर का खर्च चल जाता था| लेकिन, फिर भी बड़ी जगह से पढ़ाई के लिए आय अपर्याप्त नहीं थी |

विजय सिंह गुर्जर ने अपनी शुरुआती पढ़ाई भी राजस्थान से पूरी की| उन्होंने साल 2002 में 10 वीं और साल 2004 में 12 वीं कक्षा पास की| इसके बाद उन्होंने साल 2009 में संस्कृत विषय से ग्रेजुएसन किया | ऐसे में विजय के पिता ने उन्हें संस्कृत से शास्त्री करने की सलाह दी| विजय सिंह गुर्जर ने एक इंटरव्यू में बताया था, “पापा चाहते थे कि मैं पढ़ाई के बाद टीचर बनूँ| संस्कृत से ग्रेजुएसन किया, क्योंकि इसमें अध्यापक बनना आसान होता था| इसके साथ ही मैं सरकारी नौकरी की भी तैयारी करने लगा| लेकिन राजस्थान में शिक्षक की भर्ती, सेना की भर्ती, राजस्थान पुलिस कॉन्स्टेबल की भर्ती में असफल रहा |एक दोस्त की सलाह पर मैंने दिल्ली पुलिस में कॉन्स्टेबल की भर्ती के लिए दिल्ली आकर तैयारी करने की सलाह दी| इसके बाद 2010 में मेरा चयन हो गया|”

कॉन्स्टेबल पद पर भर्ती के बाद विजय सिंह गुर्जर ने मेहनत जारी रखी और साल 2010 में दिले में सब इंस्पेक्टर के पद पर उनका चयन हो गया |2012 में उन्होंने एसएससी ग्रेजुएट लेवल परीक्षा में सफलता हासिल की और उनका चयन केरल में सेंट्रल एक्साइज और कस्टम में हो गया| इसके बाद साल 2014 में एस एस सी परीक्षा पास करने के बाद उन्हे इनकम टैक्स इंस्पेक्टर का पद मिला |इनकम टैक्स इंस्पेक्टर पद पर चयन के बाद उन्होंने यूपीससी की तैयारी करने के बारे में सोचा और जी-तोड़ मेहनत करने लगे| इसके लिए वह नौकरी के साथ रोजाना करीब

6 घंटे पढ़ाई करते थे| यूपीससी की सिविल सेवा परीक्षा 2017 में विजय को सफलता मिली और उन्होंने 575 वीं रैंक हासिल की| एक कॉन्स्टेबल से आई पी एस ऑफिसर के पद तक पहुँचने का सफर संघर्षों से भरा था पर उनके जुनून ने उन्हे कड़ी मेहनत करने के लिए हमेशा प्रेरित किया

शुरुआती असफलता से निराश नहीं हुए : विजय सिंह राजस्थान प्रशासन सेवा में भी चयनित हो चुके थे पर उनका लक्ष्य आई ए एस बनने का था |इसलिए उन्होंने बतौर आर ए एस ज्वाइन करने की बजाय अपनी सिविल सर्विसेस की तैयारी जारी रखी |सिविल सर्विसेस 2013,2014 और 2015 में प्रारम्भिक परीक्षा उत्तीर्ण नहीं कर पाए| फिर 2016 में सिविल सर्विसेस की फाइनल लिस्ट तक पहुँच गए| चार बार की असफलता ने विजय सिंह की हिम्मत नहीं तोड़ पाई| इस बीच ऑफिस के काम के साथ अपनी तैयारी पर फोकस किया करते थे| ऐसा शिड्यूल तैयार किया कि खाली टाइम में पढ़ते थे | इसके बाद से वह लगातार ऑनलाइन जर्नल पढ़ते रहे और मॉक टेस्ट देते रहे और तैयारी करते रहे|जनरल स्टडीस और रिजनिंग के साथ -साथ संस्कृत पर उन्होंने और ध्यान दिया| पांचवें प्रयास में साल 2017 में यूपीससी की परीक्षा में 574 वीं रैंक हासिल की| अब वो गुजरात कैडर के आई पी एस अधिकारी हैं| विजय सिंह गुर्जर युवाओं के लिए एक मिसाल हैं | विजय सिंह गुर्जर के जुनून और जज्बे को सलाम|

17

सुशील कुमार, करोड़पति

“जीतने वाले अलग चीजें नहीं करते, वह चीजों को अलग तरह से करते हैं।”

सोनी टीवी के सबसे लोकप्रिय शो ‘कौन बनेगा करोड़पति’ (केबीसी) का नया सीजन शुरू होने के साथ ही एक खबर अक्सर सुर्खियां बनती है। वो यह कि KBC 2011 में 5 करोड़ रुपए जीतने वाले बिहार के सुशील कुमार अब कंगाल हो गए हैं। उन्होंने अपनी जीती हुई रकम यूं ही उड़ा दी और अब वो दूध बेचने लगे हैं। इस बात में कितनी सच्चाई है? इसका अंदाजा इससे लगा लिजिए कि 2 अगस्त 2022 को स्टेट बैंक ऑफ इंडिया की मोतिहारी शाखा ने अपने यहां मोटा पैसा जमा करके रखने वालों को सम्मानित करने के लिए बुलाया । इनमें सुशील कुमार का नाम भी शामिल था । KBC विजेता सुशील कुमार का इंटरव्यू वन इंडिया हिंदी से बातचीत में सुशील कुमार ने केबीसी में पांच करोड़ रुपए जीतने से पहले और उसके बाद की अपनी जिंदगी को लेकर विस्तार से चर्चा की ।

उन्होंने बताया कि वो कंगाल होने वाली बात आखिर आई कहां से? जिससे इन्हें आर्थिक फायदा भी हुआ तो व्यक्तिगत छवि को नुकसान भी पहुंचा। 7 अगस्त 2022 से शुरू हो रहे केबीसी के 14वें सीजन के

मौके पर जानते हैं कि केबीसी विजेता सुशील कुमार को करोड़पति से कंगाल बताने वालों दावों की वर्तमान हकीकत क्या है? साल 2011 में केबीसी में 5 करोड़ रुपए जीतने वाले सुशील कुमार कंगाल नहीं हुए बल्कि पहले से ज्यादा अमीर हो गए हैं। कहने को तो इन्होंने केबीसी से 5 करोड़ रुपए जीते थे, मगर टैक्स काटने के बाद सुशील कुमार को साढ़े तीन करोड़ रुपए ही मिले थे। इन रुपयों का भी सुशील कुमार ने बेहतरीन इस्तेमाल किया है। यही वजह है कि साल 2022 में सुशील कुमार की कुल नेटवर्थ बढ़कर 5 करोड़ रुपए से ज्यादा हो गई है। ऐसे में कंगाल होने का तो सवाल ही नहीं उठता।

फिर कंगाल होने की झूठी खबर क्यों सामने आई? केबीसी से जीती रकम को अच्छे से निवेश कर पहले से ज्यादा अमीर हो जाने के बावजूद सुशील कुमार के कंगाल होने की खबर क्यों सुर्खियां बन रही है? इसका जवाब खुद सुशील कुमार ने दिया । ये कहते हैं कि साल 2015 में एक नामी मीडिया हाउस ने इनका 'केबीसी के बाद जिंदगी कितनी बदली' को लेकर इंटरव्यू किया था। जिससे इनसे रुपयों को लेकर कई अजीब सवाल पूछे गए तो इन्होंने गुस्सा में आकर बोला था कि उनके जीते हुए सारे पैसे खत्म हो गए। कंगाली की वजह से उन्होंने तो अब दूध बेचना शुरू कर दिया। उस इंटरव्यू में गुस्से में कही गई वो बात आज भी केबीसी सीजन शुरू होने के साथ ही सुशील कुमार को करोड़पति से कंगाल बना देती है।

'कंगाल' बनकर हुआ फायदा| सुशील कुमार कहते हैं कि मीडिया में भले ही झूठ छप गया हो कि अब वे कंगाल हो गए हैं। इनसे उन्हें काफी फायदा हुआ है। वो ऐसे कि केबीसी जीतने के बाद शादी, पूजा, सार्वजनिक आयोजन या फिर किसी गंभीर बीमारी के इलाज के लिए उनसे चंदा मांगने वालों की भीड़ लगी रहती थी। कंगाल होने वाली खबर छपने के बाद लोगों ने उनसे पैसे मांगने ही बंद कर दिए। हालांकि सुशील कुमार ने जरूरतमंद लोगों की मदद भी खूब की है।

सुशील कुमार ने कहां किया निवेश? सुशील कुमार कहते हैं कि उन्होंने केबीसी से जीती रकम में से एक रुपया भी बेकार नहीं जाने दिया। मोतीहारी शहर में तीन जगहों पर भूखंड खरीदे, जिनकी वर्तमान

कीमत करीब 3 करोड़ रुपए है। इनके अलावा अपने पुस्तैनी घर के आस-पास ही 5 हजार स्क्वायर फीट में तीन मंजिला भवन बनवाया है। इसके ग्राउंड फ्लोर के सात कमरों में ये अपने माता-पिता व चार भाइयों के साथ रहते हैं। ऊपर के तीन फ्लोर पर बने 2 बीएचके फ्लैट को इन्होंने किराए पर दे रखा है। इस भवन की वर्तमान कीमत करीब डेढ़ करोड़ रुपए है। इसके अलावा सुशील कुमार ने एक करोड़ रुपए बैंक में जमा करवा रखे हैं, जिनका हर माह 60 हजार रुपए ब्याज मिल रहा है।

अब क्या करते हैं सुशील कुमार? सुशील कुमार इन दिनों पर्यावरण संरक्षण के लिए काम कर रहे हैं। कई जगहों पर पौधे लगवा चुके हैं। इसके अलावा गौरिया को बचाने में भी कदम उठा रहे हैं। सुशील कुमार कहते हैं कि केबीसी विजेता बनने के बाद लोग उनकी निजी जिंदगी के बारे में ऐसे ऐसे सवाल करते हैं कि जिनके जवाब देते लगता है कि वे कोई अपराधी और उनसे हर छोटी-छोटी बात को लेकर पूछताछ हो रही हो।

सुशील कुमार करोड़पति बनने के बाद भी लग्जरी लाइफ की बजाय सादा जीवन जी रहे हैं। इन्होंने गाड़ी के नाम पर अब तक सिर्फ स्कूटी खरीदी। पिता अमरनाथ प्रसाद, माता रेणू देवी, पत्नी सीमा पटेल, दो बेटी व पांच भाइयों के साथ खुशहाल जिंदगी जी रहे हैं। ये अपने एक दोस्त के साथ बिजनेस भी कर रहे हैं।

दूध बेचने वाले सवाल के जवाब में कहते हैं कि मैंने डबल एमए, बीएड किया है। पैसों की कोई कमी नहीं। दूध का धंधा करना था तो डेयरी ना खोल लेता। घर-घर जाकर दूध बेचने की क्या जरूरत?

मूलरूप से बिहार के मोतिहारी के हैनरी बाजार के रहने वाले सुशील कुमार कहते हैं कि “साल 2011 में मैं 7 हजार प्रतिमाह में बिहार के चंपारण जिले के चनपटिया ब्लॉक में मनरेगा कम्प्यूटर ऑपरेटर था। बिहार लोक सेवा आयोग की प्री परीक्षा पास कर चुका था। मुख्य परीक्षा की तैयारी कर रहा था। उसी दौरान केबीसी में जाना हुआ। 5 करोड़ का सवाल था कि 16 अक्टूबर 1868 को अंग्रेजों के हाथों निकोबार द्वीप समूह बेचने के बाद भारत से किस औपनिवेशिक शक्ति का अंत हो गया था? जवाब के चार विकल्प थे 1) बेल्जियम, 2) इटली, 3) डेनमार्क व 4)

फ्रांस। मैंने बीपीएससी की तैयारी में इसके बारे में थोड़ा पढ़ा था। काफी सोच समझकर मैंने डेनमार्क जवाब देकर पांच करोड़ रुपए जीत लिए थे। सुनने में यह बहुत आसान लगता है पर इसके पीछे छुपे हुए लगन ,मेहनत और जुनून को सुशील कुमार ही जान सकते हैं जिन्होंने बी पी एस सी परीक्षा की तैयारी दिलो जान से की थी|

18

श्रीनाथ,IAS

"विपरीत परिस्थितियों में कुछ लोग टूट जाते हैं, तो कुछ लोग रिकॉर्ड तोड़ते हैं|

कहानी उस कुली की, जिसने रेलवे स्टेशन के Free WiFi से की UPSC की तैयारी और बन गया IAS अधिकारी |

दुनिया के अधिकतर लोग खुद के कामयाब ना होने की वजह जीवन में संसाधनों की कमी को बताते हैं| उनका मानना होता है कि अगर उन्हें सारी सुख सुविधाएं मिलतीं तो वो जीवन में कुछ बेहतर कर सकते थे| वहीं दूसरी ओर दुनिया में ऐसे भी लोग हैं जो कभी भी कमियों के बारे में नहीं सोचते| उनकी सोच सिर्फ अपने लक्ष्य को पा लेने में है| वे मेहनत करते हैं और सफलता हासिल करते हैं | रेलवे स्टेशन पर कुली रह चुके केरल के श्रीनाथ भी एक ऐसा ही उदाहरण हैं|

एक कुली जो बना आईएएस :सिविल सेवा की परीक्षा यानी UPSC एक चक्रव्यूह की तरह है तो श्रीनाथ वो अभिमन्यु हैं जो बिना किसी की मदद के ना केवल इस चक्रव्यूह में घुसे बल्कि इसे पास भी किया |एक तरफ जहां हर साल लाखों लोग इस कठिन परीक्षा को पास करने के लिए

एक से बढ़ कर एक कोचिंग इंस्टिट्यूट का सहारा लेते हैं वहीं केरल के श्रीनाथ ने इस कठिन परीक्षा को बिना किसी कोचिंग के ही पास कर लिया था| इससे भी बड़ी बात ये है कि श्रीनाथ ने जब इस कठिन परीक्षा की तैयारी शुरू की तब वह रलवे स्टेशन पर कुली का काम करते थे| पहले केरल पब्लिक सर्विस कमीशन और फिर UPSC में कामयाबी पाने वाले श्रीनाथ मुन्नार के मूल निवासी हैं|

परिवार में अकेले कमाने वाले थे श्रीनाथ :आर्थिक रूप से कमजोर परिवार में जन्मे श्रीनाथ ने अपना परिवार चलाने के लिए एर्नाकुलम स्टेशन पर कुली का काम किया| परिवार के इकलौते कमाऊ श्रीनाथ ने साल 2018 में ये फैसला लिया कि वह कड़ी मेहनत कर के कोई बड़ा पद पाएंगे जिससे कि उनकी आय बढ़े और वह अपनी बेटी का भविष्य उज्ज्वल बना सकें| इसके बाद उन्होंने सिविल सेवा परीक्षा देने का मन बनाया लेकिन उनकी आर्थिक कमजोरी उनके राह का सबसे बड़ा रोड़ा बन कर खड़ी थी|

स्टेशन के फ्री WiFi से की पढ़ाई :श्रीनाथ कोचिंग सेंटर की फीस नहीं दे सकते थे और उनके मन में यही बात थी कि बिना कोचिंग सेंटर के वह इस कठिन परीक्षा को पास ना कर पाएंगे| यही वजह रही कि उन्होंने KPSC की तैयारी करनी शुरू कर दी| उनके इस कठिन राह को आसान बनाया रेलवे स्टेशन पर लगे फ्री WiFi ने|

उन्होंने इसी वाई-फाई से अपने स्मार्ट फोन पर पढ़ाई शुरू कर दी| ये फ्री वाईफाई उनके लिए किसी वरदान से कम नहीं था| वो यहां कुली का काम करते और समय मिलते ही ऑनलाइन लेक्चर सुनने लगते| अपनी इस लगन और मेहनत के दम पर श्रीनाथ ने KPSC में सफलता हासिल कर ली| यहां से उनके मन में ये विश्वास आ गया कि वह इसी तरह फ्री वाईफाई की मदद से यूपीएससी की परीक्षा भी पास कर सकते हैं|

मेहनत के बाद पाई सफलता :फिर क्या था, श्रीनाथ ने स्टेशन पर लगे वाईफ़ाई की मदद से तैयारी करनी शुरू की| हालांकि बिना किसी कोचिंग के ये इतना आसान नहीं था| तभी तो श्रीनाथ के पहले 3 प्रयास में असफलता हाथ लगी लेकिन वह हिम्मत नहीं हारे और नतीजा ये रहा कि उन्होंने अपने चौथे प्रयास में इस कठिन परीक्षा को पास कर लिया|

श्रीनाथ ने आईएएस बन कर उन लाखों छात्रों के लिए एक मिसाल कायम कर दी है जो सोचते हैं कि गरीबी उन्हें आगे नहीं बढ़ने देगी| श्रीनाथ ने दुनिया को बताया कि अगर आप चाह दें तो हर परिस्थिति में रास्ता खोज कर सफलता की तरफ बढ़ा जा सकता है| यह एक जुनूनी इंसान ही कर सकता है |

19

रितेश अग्रवाल,व्यवसायी

"एक सफल व्यक्ति वह है जो औरों द्वारा अपने ऊपर फेंके गए ईंटों से एक मजबूत नीव का निर्माण करे|"

छत्तीसगढ़ के रितेश गोबर से बनाते हैं बैग, चप्पल, अबीर समेत कई चीज़ें, सालाना 36 लाख तक की कमाई|

कभी छुट्टियों में गांव गए होंगे तो वहां घर पर ही बाग-बगीचे में या किसी कोने में गोबर का ढेर ज़रूर देखा होगा| कहीं गोबर के उपले बनाए जाते हैं, कहीं खाद बनाकर खेत में डाला जाता है| शहर में सड़क किनारे गोबर का ढेर भी देखा ही होगा| कुछ लोगों ने गोबर से ईंट, सीमेंट आदि बनाकर किसानों की राह आसान कर दी है| और ऐसे ही एक शख़्स हैं छत्तीसगढ़ के रितेश अग्रवाल|

पशुपालक ने बनाई गोबर से दर्जनों चीज़ें: छत्तीसगढ़ की राजधानी रायपुर स्थित गोकुल नगर के रहने वाले एक पशुपालक ने गाय के गोबर से दर्जनों चीज़ें तैयार की हैं| पिछले तीन साल में रितेश अग्रवाल नामक

इस शख़्स ने गोबर से बैग, पर्स, मूर्तियां, दीपक, ईंट, पेंट, अबीर-गुलाल और यहां तक कि चप्पल तक बना डाले|

"एक पहल" नामक संस्था चलाते हैं रितेश: 2022 का बजट सत्र पेश करने के लिए जब छत्तीसगढ़ के मुख्यमंत्री भूपेश बघेल विधान सभा पहुंचे तब उनके हाथ में गोबर से बना बैग था| ये बैग रितेश और उनकी संस्था 'एक पहल' ने दस दिन की मेहनत के बाद तैयार किया|

2015 में नौकरी से इस्तीफ़ा देकर गौ पालन शुरु किया:रितेश ने रायपुर से ही शिक्षा प्राप्त की, 2003 में उन्होंने ग्रैजुएट डिग्री हासिल की| कई कंपनियों में रितेश ने नौकरी की लेकिन उनका मन नहीं लग रहा था| रितेश ने कहा कि वो लंबे समय से समाज के लिए कुछ करना चाहते थे लेकिन क्या ये समझ नहीं पा रहे थे| रितेश ने बताया, 'अक़सर मैं देखता था कि सड़कों पर गायें घूमती रहती हैं| इनमें से ज़्यादातर गायें कचरा खाने की वजह से बीमार हो जाती हैं, कई हादसे का शिकार भी हो जाती हैं| मैं चाहता था कि इनके लिए कुछ किया जाए| 2015 में नौकरी छोड़ कर मैंने एक गौशाला से जुड़कर गौ सेवा शुरु किया|'

प्लास्टिक को कम करने की पहल: हमने ख़बरों में कई बार पढ़ा है कि एक गाय के पेट से इतना किलोग्राम प्लास्टिक निकला, प्लास्टिक खाने से गाय की मौत हो गई| रितेश भी इस बात को अच्छे से समझते थे कि प्लास्टिक खाने से बड़ी संख्या में गायें बीमार पड़ती हैं| उनका कहना है कि ऐसे हालात में सभी को प्लास्टिक प्रदूषण कम करने की कोशिश करनी चाहिए| वे गोबर से चप्पल बनाकर, पर्यावरण से प्लास्टिक को करने की कोशिश कर रहे हैं|

गोबर से कैसे बनाते हैं चप्पल :रितेश ने बताया कि गोबर से चप्पल बनाने की प्रक्रिया बेहद आसान है| रितेश गोहार गम, आयुर्वेदिक जड़ी-बूटियों, चूना और गोबर के पाउडर को मिलाकर चप्पल बनाते हैं| 1 किलो गोबर से 10 चप्पलें बनाई जाती हैं| अगर चप्पल 3-4 घंटे बारिश में भीग जाए तो भी खराब नहीं होती| धूप में सूखाकर दोबारा इसका इस्तेमाल किया जा सकता है|

हिमाचल प्रदेश और राजस्थान से ट्रेनिंग:गौशाला में काम करने के दौरान रितेश को गाय से जुड़े अन्य प्रोजेक्ट्स पर भी काम करने का

मौका मिला| उन्हें पता चला कि दूध देने वाली गाय और दूध न देने वाली गाय दोनों ही उपयोगी होते हैं| ऐसे गायों के गोबर से कई तरह की चीज़ें बनाई जा सकती हैं| 2018-19 में छत्तीसगढ़ सरकार ने गोठान मॉडल शुरु किया रितेश भी इस मॉडल के साथ जुड़े| गोबर से किस्म-किस्म की चीज़ें बनाने की ट्रेनिंग उन्होंने राजस्थान की राजधानी जयपुर और हिमाचल प्रदेश में जाकर ली|

गोबर से कैसे बनता है गुलाल? गोबर से अबीर और गुलाल बनाने के लिए पहले उसे सुखाया जाता है| इसके बाद गोबर को पाउडर में बदला जाता है और उसमें फूलों की सूखी पत्तियों के पाउडर को मिलाया जाता है| इसके बाद उसमें कस्टर्ड पाउडर मिलाया जाता है| पाउडर को अलग-अलग रंग देने के लिए भी प्राकृतिक रंगों का ही उपयोग होता है| पीले रंग के लिए हल्दी, हरे के लिए धनिया पत्ती का इस्तेमाल किया जाता है|

लोगों को दिया रोज़गार:गोबर से चीज़े बनाना सीखने के बाद रितेश ने स्थानीय लोगों को भी इस काम से जोड़ा| रितेश ने दूसरों को भी ट्रेनिंग देना शुरु किया| उनके पास गोबर के प्रोडक्ट्स की डिमांड न सिर्फ़ छत्तीसगढ़ बल्कि आस-पास के राज्यों से भी आने लगी|

20

सिद्धांत कुमार,आर्टिस्ट

मां ने गहने बेचे, रंगाई-पुताई का काम किया, फिर पुरानी जींस के उपयोग से खड़ा किया 1.5Cr का बिजनेस|

आज के दौर में जितनी महंगाई है, पैसा कमाना भी उतना ही आसान है| नहीं यकीन आता तो अपने आसपास नजर घुमा कर देखिए| हमारे बाप-दादा के जमाने में किसी ने ये सोचा होता कि बाजार से लोगों का समान लाकर उसके बदले उनसे पैसे ले लेते हैं, तो लोग उस पर हंसते| लेकिन आज हम धड़ल्ले से पैसे दे कर ऑनलाइन समान मंगाते हैं| ऐसे ही बहुत से उदाहरण हैं हमारे पास जिनसे ये सिद्ध होता है कि आज के समय में पैसा चारों तरफ बिखरा पड़ा है| बस चाहिए तो सिर्फ उसे उठाने की सोच|

अब जैसे कि बिहार के इस युवक को ही देख लीजिए| हम सब अपनी पुरानी जींस या तो किसी जरूरतमंद को दे देते हैं या फिर वो समय के साथ कचरे में चली जाती है,लेकिन इस युवा ने उन्हीं पुरानी जींस से अपना बिजनेस खड़ा कर लिया है| सबसे खास बात है कि इनका स्टार्टअप पर्यावरण को नुकसान पहुंचाए बिना चल रहा है|

पुरानी जींस से बनाया 1.5 करोड़ का स्टार्टअप :प्रकृति को नुकसान पहुंचाए बिना वेस्ट के दम पर पैसा कमाने वाला ये कमाल का दिमाग बिहार के मुंगेर जिले के सिद्धांत कुमार ने पाया है. सिद्धांत आईआईटी से पास आउट हैं और अब दिल्ली में रहते हैं| सिद्धांत कुमार ने "डेनिम डेकोर" के नाम से अपना स्टार्टअप शुरू किया| इस स्टार्टअप के माध्यम से वह पुराने जींस से डोकोरेशन की नई चीजें सजाते हैं| सिद्धांत पुरानी जींस का रियूज़ कर के 400 से अधिक तरह के सामान बना चुके हैं| कमाल की बात ये है कि उनके इस स्टार्टअप का सालाना टर्नओवर डेढ़ करोड़ के ऊपर है|

संघर्ष कर यहां तक पहुंचे :यहां तक पहुंचना बिहार के सिद्धांत के लिए आसान नहीं था लेकिन उन्होंने रिस्क लिए, मेहनत की और आज एक सफल मुकाम तक पहुंच गए| सिद्धांत ने बताया कि वह 2004 से 2006 तक पटना में रहकर फाइन आर्ट्स एंड डिजाइन की पढ़ाई कर रहे थे| इस दौरान उनके कुछ दोस्तों ने उन्हें सलाह दी कि पटना के इस कॉलेज से प्लेसमेंट मिलना संभव नहीं| ऐसे में उन्होंने दिल्ली के जामिया मिल्लिया इस्लामिया में एडमिशन ले लिया|

उनके इस फैसले का विरोध उनके पिता ने ही किया| वह घर की आर्थिक स्थिति खराब होने की वजह से सिद्धांत को दिल्ली नहीं भेजना चाहते थे| सिद्धांत अपने फैसले पर अड़े रहे| अंत में उनकी मां ने अपने गहने बेचकर उन्हें पढ़ने के लिए दिल्ली भेजा| दिल्ली आने के बाद सिद्धांत का संघर्ष और बढ़ गया| उन्होंने अपना खर्च चलाने के लिए घरों-बंगलों में रंगाई-पोताई का काम किया| इसके साथ ही रात के समय बार में भी काम करते रहे|

पहला स्टार्टअप बंद करना पड़ा : 2010 में फाइन आर्ट की पढ़ाई कंप्लीट करने के बाद उन्होंने IIT बॉम्बे से मास्टर ऑफ डिजाइन किया| इसके बाद उन्हें बेंगलुरु की एक कंपनी में नौकरी मिल गई| हालांकि कुछ ही महीने बाद उन्होंने नौकरी छोड़ दी और दिल्ली आ गए| 2013 में सिद्धांत ने बच्चों के लिए एजुकेशनल गेम्स डिजाइन करने का स्टार्टअप शुरू किया| शुरुआत में उन्होंने अपने इस स्टार्टअप को महीने के 8 से 10 लाख के टर्नओवर तक पहुंचा दिया था लेकिन उन्हें कुछ

दिक्कतों के कारण इसे बंद करना पड़ा|

इसके बाद नए स्टार्टअप का आइडिया उन्हें अपने घर से ही आया| उन्होंने अपने घर की प्लेन दीवारों को पुरानी जींस से डेकोरेट किया| उनका ये आइडिया लोगों को पसंद आया और उन्हें कमरा डेकोरेट करने पर तारीफें मिलने लगीं| यहीं से सिद्धांत को पुरानी जींस से अन्य चीजें सजाने की प्रेरणा मिली|

डेनिम डेकोर ने दी पहचान :सबसे पहले सिद्धांत ने अपने जान पहचान वालों से पुरानी जींस मांगी और पुरानी एंटीक चीजें जैसे लालटेन, केतली आदि खरीद लाए| उन्होंने पुराने जींस से 50-60 डेकोरेटिव्स तैयार किये और दिल्ली के सबसे पॉश सिलेक्ट सिटी मॉल में इनका स्टॉल लगाया| मॉल में मिले रिस्पॉन्स के आधार पर सिद्धांत ने ये तय किया कि इस काम को वो अब एक स्टार्टअप के तौर पर शुरू करेंगे|

डेनिम डेकोर द्वारा बनाई चीज़ें अपने देश में ही नहीं बल्कि अमेरिका, ऑस्ट्रेलिया जैसे देशों में भी खूब पसंद की जाती हैं| दिल्ली में भी कई डेनिम स्टोर अपने यहां के इंटीरियर डेकोर के लिए सिद्धांत को चुनते हैं| सिद्धांत ने जिस स्टार्टअप को 50 से 60 हजार में शुरू किया गया था आज उसी का टर्नओवर डेढ़ करोड़ हो चुका है| कोरोना काल में सिद्धांत ने अपनी सोच के दम पर 25 नए कारीगरों के घर पर मशीन लगवाकर उन्हें काम दिया| यह एक युवा की सोच,मेहनत और जुनून का परिणाम है कि आज उसने अपनी कला को नई पहचान दी|

21

माधव गिट्टे,IAS

"महानता कभी गिरने में नहीं है, बल्कि हर बार गिरकर उठ जाने में है|"

कहानी उस फैक्ट्री मजदूर की, जिसे पिता ने जमीन गिरवी रख पढ़ाया और वो मेहनत के दम पर बन गया IAS

अगर आपने अपने लिए कोई लक्ष्य चुना है और आपको लग रहा है कि आपकी परिस्थितियां आपको अपने लक्ष्य की ओर बढ़ने से रोक रही हैं, उन बुरी परिस्थितियों के कारण आपकी हिम्मत कमजोर पड़ रही है तो इस लड़के की कहानी जान लीजिए| कमजोर आर्थिक स्थिति से जूझने वाला ये बेहद साधारण सा लड़का आज IAS ऑफिसर है| यह कहानी अपनी आर्थिक कमजोरी से लड़ते हुए आगे बढ़ने वाले 2018 की सिविल सेवा परीक्षा पास कर आई ए एस बने माधव गिट्टे की |

छोटी उम्र में मां को खोया : 5 भाई बहनों के बीच पले बढ़े माधव का जन्म महाराष्ट्र के नांदेड़ जिले में हुआ| पढ़ने में वह बचपन से होशियार थे लेकिन उनकी पढ़ाई में घर की आर्थिक तंगी ने हमेशा अड़चन डालने की कोशिश की| इसके बावजूद उन्होंने पढ़ाई से कभी नाता नहीं तोड़ा|

उनके घर की आर्थिक स्थिति क्या रही होगी इसका अंदाजा इसी बात से लगा लीजिए कि माधव के पिता पिता खेतों में काम कर के अपनी अकेली कमाई से परिवार का गुजारा कर रहे थे| इसके ऊपर एक और मुसीबत तब आ गई जब माधव की मां को कैंसर जैसा भयानक रोग हो गया| उस समय माधव 10वीं में पढ़ रहे थे| इस बीमारी ने माधव से उनकी मां छीन ली और वह हमेशा के लिए इस दुनिया को अलविदा कह गईं|

खेतों में की मजदूरी :मां के जाने के दुख ने माधव को भीतर से तोड़ दिया लेकिन उन्होंने खुद को संभाला| 11वीं की पढ़ाई के लिए वह हर रोज 11 किलोमीटर साइकिल चला कर जाते थे| 11वीं की पढ़ाई पूरी होने के बाद आर्थिक तंगी ने एक बार फिर से उनका रास्ता रोकने की कोशिश की| फीस की तंगी के कारण उन्होंने 11वीं के बाद पढ़ाई छोड़ दी और अपने खेतों के साथ साथ दूसरों के खेतों में काम करने लगे| इसी मजदूरी से उन्होंने अपने 12वीं के दाखिले के लिए फीस और हिम्मत जुटाई|

पढ़ाई छोड़ फैक्ट्री में मजदूरी की :दिक्कतें अभी खत्म कहां हुई थीं| 12वीं पास करने के बाद उनके सामने परिवार की जिम्मेदारी थी, जिससे निभाने के लिए एक फैक्ट्री में काम करना पड़ा| उन्होंने तो सोचा था वह जल्दी से आईटीआई पास कर नौकरी कर लेंगे लेकिन उन्हें किसी भी सरकारी आईटीआई में जगह नहीं मिली| इसके बाद मायूस होकर माधव ने पुणे की एक फैक्ट्री में काम करना शुरू कर दिया| यहां उन्हें महीने के 2,400 मिलते थे| उसके बाद वे वापस अपने घर आ गए और खेतों में काम करने लगे| इसी दौरान उन्होंने जैसे तैसे फीस के लिए पैसे जमा किए और पॉलिटेक्निक में दाखिला ले लिया| यहां से वह अच्छे नंबरों के साथ पास हुए|

पिता ने फीस भरने के लिए गिरवी रखी जमीन :डिप्लोमा के बाद उन्हें नौकरियां तो मिल रही थीं लेकिन अब उन्होंने सोच लिया था कि वह आगे पढ़ेंगे| इसके लिए उन्होंने पिता से मदद मांगी| आर्थिक स्थिति ठीक न होने के बावजूद माधव के पिता ने उनके लिए फीस का इंतजाम किया| उसके बाद उन्होंने इंजीनियरिंग के लिए दाखिला ले लिया| एक साल तक तो वह पढ़ सके लेकिन अगली फीस भरने की जब बारी आई

तो समस्या फिर से खड़ी हो गई| इस बार माधव के पिता ने उनकी फीस भरने के लिए अपनी जमीन गिरवी रख दी और एक लाख रुपयों का इंतजाम कर दिया|

पिता का ये त्याग उस समय सफल रहा जब माधव को एक कंपनी में सॉफ्टवेयर इंजीनियर की नौकरी मिल गई| यह उनके जीवन का वो मोड़ था जो उन्हें उनके मुख्य लक्ष्य तक ले जाने वाला था| उन्होंने बतौर सॉफ्टवेयर इंजीनियर 3 सालों तक काम किया| इसके बाद 2017 में उन्होंने यूपीएससी परीक्षा देने का मन बनाया| लोगों की सेवा करने की सोच के साथ उन्होंने अपनी नौकरी छोड़ दी और परीक्षा की तैयारी में लग गए|

माधव ने जी तोड़ मेहनत की और उनकी मेहनत रंग भी लाई| 2018 में उन्होंने अपने पहले प्रयास में 567वां रैंक हासिल करते हुए सिविल सेवा परीक्षा में सफलता प्राप्त कर ली| इसके बाद अगले ही साल उन्होंने दूसरे प्रायस में 201वां रैंक प्राप्त कर लिया और बन गए IAS ऑफिसर|

22

बबली,DSP

“असफलता, सफलता की कुंजी है, प्रत्येक गलती हमें कुछ सिखाती है|”

6 साल कॉन्स्टेबल रही 7 महीने की बेटी की ये मां, गर्भवती होने पर भी करती रही मेहनत और बन गई DSP|

इंसान की मेहनत कभी बेकार नहीं जाती| आप जिस दिशा में मन लगाकर मेहनत करते हैं वो आपको आपके लक्ष्य तक जरूर पहुंचाती है| बिहार की एक महिला पुलिस कॉन्स्टेबल ने इस बात को एक बार फिर सच साबित कर दिखाया | आज ये महिला कॉन्स्टेबल उन ऑफिसर्स की बॉस बन गई हैं जिन्हें कभी थाने में ये सैल्यूट किया करती थीं| ये सब संभव हो पाया है इनकी लगन और मेहनत के दम पर|

कॉन्स्टेबल महिला बनी डीएसपी :दरअसल बिहार के बेगूसराय में एक महिला 6 साल से पुलिस में एक कॉन्स्टेबल के रूप में अपनी सेवाएं दे रही थीं| लेकिन अब बेगूसराय की बबली कॉन्स्टेबल नहीं रह गईं, बल्कि पुलिस उपाधीक्षक यानी DSP बन चुकी हैं| बबली को यह कामयाबी तीसरे प्रयास में मिली| कॉन्स्टेबल से डीएसपी बनी बबली को

राजगीर प्रशिक्षण केंद्र भेजा गया | इससे पहले बेगूसराय के एसपी योगेंद्र कुमार द्वारा उन्हें सम्मानित भी किया गया|

एसपी साहब ने दी बधाई :बबली की शादी गया जिला निवासी रोहित कुमार से हुई है| 2015 में खगड़िया में उन्हें बतौर कॉन्स्टेबल पुलिस में नौकरी मिली थी| एसपी कार्यालय में बबली को सम्मानित करते हुए एसपी योगेंद्र कुमार, मुख्यालय डीएसपी निशीत प्रिया, सदर डीएसपी अमित कुमार ने उनका मुंह मीठा कराया और बधाई दी|

मुश्किल हालातों का किया सामना :इस मौके पर एसपी ने कहा कि जिला बल की होनहार सिपाही ने ड्यूटी के बाद समय निकालकर न सिर्फ अपना सपना साकार किया है, बल्कि वे सहकर्मियों के लिए प्रेरणास्रोत बनी हैं| कॉन्स्टेबल से डीएसपी बन चुकी बबली ने बताया कि यहां तक पहुंचने का उनका सफर आसान नहीं था| उनके ऊपर घर की बड़ी बेटी होने की जिम्मेदारी थी| जिसे निभाते हुए उन्होंने सरकारी नौकरी पाने का प्रयास किया और 2015 में कॉन्स्टेबल पद पर चयनित हुईं| घर की आर्थिक परेशानियों के कारण उन्होंने अन्य प्रतियोगी परीक्षाओं के लिए प्रयास जारी रखा और यह सफलता उन्हें तीसरे प्रयास में मिल गई|

बबली कुमारी ने बतौर कॉन्स्टेबल ड्यूटी करते हुए पढ़ाई के लिए समय निकाला और मेहनत करती रहीं| महिला सिपाही के तौर पर ड्यूटी करते हुए बाबली ने बिहार पब्लिक सर्विस कमीसन की प्रारम्भिक परीक्षा तो पहले दो बार पास कर ली थी, लेकिन मेंस परीक्षा में पास नहीं कर सकी| उन्हे महसूस हुआ कि इसके लिए थोड़ा और वक्त निकालना पड़ेगा| इसके बाद उन्होंने कुछ दिनों के लिए छुट्टी लेकर पटना में बीपीससी की तैयारी की |इसके बाद बाबली का सपना पूरे होते देर नहीं लगी| तीसरे प्रयास में उन्हे कामयाबी मिल गई |आज उनकी लगन और मेहनत का परिणाम सबके सामने है| गर्भवती होने के बावजूद बबली ने बहुत मेहनत की और मेंस क्लियर किया| इस मुकाम तक पहुँचने में उन्हे अपने परिवार और पति का भरपूर सहयोग मिला| अब ट्रेनिंग के बाद डीएसपी का पदभार संभालते हुए राज्य की सेवा करेंगी|

बबली का कहना है कि अगर आपकी बहू बेटी आगे पढ़ना और बढ़ना चाहती है तो उसका सहयोग करें| बेटे-बेटी को भी चाहिए कि वह अपने

परिवार के सपने को पूरा करे| उनका कहना है कि अगर मैं अपनी मेहनत से कामयाब हो सकती हूँ तो हर आदमी इसी तरह कामयाबी हासिल कर सकता है|

23

मनोज,सेक्सन ऑफिसर

"हर काम आसान होता है केवल आपके अंदर उसे करने का जुनून होना चाहिए|"

मंडी में पल्लेदार का होनहार बेटा जिसने पढ़ाई से ग़रीबी को पीछे छोड़ दिया, और अफसर बन गया|

ग्वालियर जिले में डबरा इलाके की प्रेम नगर कॉलोनी में रहने वाले एक मजदूर परिवार में जन्मे मनोज जाटव ने SSC CGL 2019 की अंतिम परीक्षा में कुल 700 में से 632 अंक प्राप्त कर क्षेत्र का नाम रौशन कर दिया| परिणाम घोषित होते ही ज्यों ही मनोज की उपलब्धि की जानकारी परिजनों की मिली वे खुशी से उछल पड़े|

कहने के लिए मनोज ने सिर्फ एक परीक्षा पास की है| मगर जिन परिस्थितियों में उन्होंने पढ़ाई जारी रखी और रेल मंत्रालय के ग्रुप बी में असिस्टेंट सेक्शन ऑफिसर बन गए| ग्रुप डी से सेक्सन ऑफिसर बनना यह अपने आप में बड़ी बात है| उनकी कहानी उन लोगों के लिए प्रेरणा है,

जो लोग गरीबी के आगे घुटने टेक देते हैं और जीवन भर अपनी किस्मत को कोसते रहते हैं.

मनोज ने किस तरह से गरीबी को पीछे छोड़ा और परिवार का नाम रौशन किया यह पूरी कहानी उन्होंने बताया

मनोज का जन्म एक बेहद गरीब मजदूर परिवार में हुआ| पिता टीकाराम गल्ला मंडी में पल्लेदारी का काम करते थे| मेहनत-मजदूरी करके वो कुछ पैसे कमा लेते हैं| जैसे-तैसे इन पैसों से घर चलता था| आर्थिक रूप से कमज़ोर होने के कारण मनोज के पिता के लिए बच्चे की पढ़ाई जारी रखना आसान नहीं था| मगर मां चाहती थी कि उनका बेटा बाकी भाईयों की तरह ख़ूब पढ़े| इतना पढ़े कि उनके घर की गरीबी दूर हो जाए|

मां के सपने को पूरा करने के लिए मनोज ने भी ख़ुद को पूरी तरह से पढ़ाई को समर्पित कर दिया| वो नियमित रुप से स्कूल जाते| लाइट न रहने पर स्ट्रीट लाइट की रोशनी में पढ़ते| कई बार दोस्तों के यहां जाकर पढ़ते थे| मनोज के इस समर्पण भाव ने उसके कठिन रास्ते को आसान कर दिया| मनोज बताते हैं कि छोटी उम्र में ही उन्होंने तय कर लिया था कि उन्हें जल्द से जल्द सरकारी नौकरी ज्वॉइन करनी है|

चार भाईयों के बीच सबसे छोटे हैं मनोज जाटव :आगे के सफर में उन्होंने परिवार और तीन बड़े भाईयों की मदद से खुद को इसके लिए तैयार किया और 10वीं के आधार पर रेलवे ग्रुप डी की परीक्षा पास करने में सफल रहे| तत्पश्चात जब एसएससी सीजीएल 2019 का परीक्षा दी और उनका चयन असिस्टेंट सेक्शन ऑफिसर के रूप में हो गया |

मनोज कहते हैं, "भाई साहब जब एसएससी सीजीएल 2019 का परीक्षा परिणाम की तरह जब रेलवे गुप डी के लिए मेरा चयन हुआ था और मां-पापा को इस बारे में पता चला था तो खुशी से उनकी आंखें नम हो गई थीं| उनके मुंह से बस यही निकला था कि मनोज बेटा हमें तुम पर गर्व है| "आज मैं जो कुछ भी हूं अपने पिता के संघर्ष, मां के विश्वास और तीनों भाईयों के सहयोग के कारण हूं|"

पिता ने मेहनत-मजदूरी करके सभी को पढ़ाया: मनोज जाटव अपने चार भाईयों में सबसे छोटे हैं| उनके दो बड़े भाई मध्य प्रदेश पुलिस में

कार्यरत है| वहीं एक भाई बी एड करने के बाद अध्यापक हैं | मनोज के पिता ने अपने चारों बच्चों को जिस तरह से आर्थिक तंगी झेलते हुए स्कूल भेजा वो समाज के लिए एक मिसाल है| विषम परिस्थितियों में उन्होंने हिम्मत नहीं हारी| परिणाम सामने है उनके चारों बच्चे अपने परिवार का नाम रौशन कर रहे हैं| पिता को भी अब मेहनत मजदूरी और पल्लेदारी का काम नहीं करना पड़ता| वो अपने परिवार के साथ हंसी-खुशी जीवन बिता रहे हैं|

24

अवतार सिंह ,वुडलैंड शू व्यवसायी

"यदि कड़ी मेहनत आपका हथियार है तो सफलता आपकी गुलाम हो जाएगी|"

वुडलैंड की सफलता की कहानी |रूस के लिए बनाए गए जूतों से खड़ा कर दिया 1250 करोड़ का देसी ब्रांड

विश्वास बहुत बड़ी चीज है और व्यापार में तो इस विश्वास का महत्व और भी ज्यादा बढ़ जाता है| जिस भी प्रोडक्ट पर लोगों का एक बार विश्वास बन जाता है उसकी मांग दिन प्रतिदिन बढ़ती रहती है| जैसे कि बात जब जूतों की मजबूती की आती है तो एक ही नाम सामने आता है, 'वुडलैंड'| वुडलैंड के जूतों के बारे में यह कहा जाता है कि लोग इस कंपनी के जूते शौक से खरीदते है पर ये जूते फटने का नाम ही नहीं लेते, चलते ही जाते हैं बस चलते ही जाते हैं|

जूतों के इसी ब्रांड की कहानी आपके सामने है |तो चलिए जानते हैं कि कैसे एक भारतीय ने रूसी जूतों पर भारत की मुहर लगाई और भारत

में इसकी महज 3 दुकानें खोल कर पूरी दुनिया में इसे फेमस कर दिया|

भारत बनाता था रूस के लिए जूते : 90 के दशक में जूतों के बाजार में केवल दो नाम गूंजते थे बाटा और करोना| ये वुडलैंड ही था जिसने इन दोनों के किले में सेंध लगाई और भारतीय बाजार में उतर कर धीरे धीरे अपनी जगह बनाई| एक समय था जब भारत, दिल्ली के एरो क्लब में अपने सबसे बड़े बिजनेस पार्टनर रहे रूस के लिए जूते बनाया करता था| इसके बाद 1992 में सोवियत रूस का विघटन हुआ और आगे की संभावनाओं से भरा यह मार्केट बिखर गया| इसका नतीजा ये निकला कि रूस की तरफ से मिले निर्यात के सारे ऑर्डर रातोंरात रद्द कर दिए गए|

अवतार सिंह ने खोजे स्पेशल शू : उन दिनों एरो क्लब के चेयरमैन थे अवतार सिंह| उनके लिए रूस के बाजार के लिए बनाए गए लेदर के कैज़ुअल शूज इंडस्ट्रियल बूट्स का स्टॉक एक बड़ी सिरदर्दी बन गया| हालांकि बाद में इसी सिरदर्दी ने उन्हें इतना बड़ा फायदा पहुंचाया जिसकी चर्चा आज भी होती है| अवतार सिंह की नजर इस स्टॉक में पड़े एक रफ-टफ जूते पर पड़ी जिसे रूस के मौसम के लिए खास तौर पर डिजाइन किया गया था| मोटे बफ लेदर से सिला ये हैंडमेड जूता सोल हार्ड रबड़ से बनाया गया था| इसके साथ साथ इसके लेस भी लेदर से बनाए गए थे| जूते की लुक रफ-टफ रखी गई थी और ये लंबे समय तक चलने वाला लग रहा था|

वुडलैंड आया बाजार में :अवतार सिंह कनाडा के क्यूबेक में रहते थे| उन्होंने 1980 में वुडलैंड की पेरेंट कंपनी एयरो क्लब की स्थापना कनाडा के क्यूबेक में की थी| मगर अवतार सिंह मूलरूप से भारत से हैं| रूस निर्यात के लिए रखे स्टॉक में से उन्होंने रफ एंड टफ जूते को चुना और उसे वुडलैंड के लेबल के साथ बाजार में ले आए| उस समय बाटा के आगे बाकी सभी कंपनियां फेल थीं लेकिन अवतार सिंह के वुडलैंड ने बाटा को भी कड़ी टक्कर देनी शुरू कर दी|

2-3 स्टोर्स से हुई शुरुआत : इस भारी भरकम और रफ एंड टफ जूते को अवतार सिंह ने भारत में बेचने का निर्णय लिया| उन्होंने इस मजबूत को वुडलैंड ब्रांडनेम के साथ एरो क्लब के 2-3 स्टोर्स पर लॉन्च किया|

शौकीन लोगों तक सीधा पहुंचने के लिए उन्होंने यह जूता दिल्ली के कुछ छोटे रिटेलर्स को कमीशन आधार पर बेचने के लिए उपलब्ध करवाया| अवतारसिंह ने इस शू को स्टाइल नंबर दिया, जी-0092| इस नंबर में 0092 का मतलब 1992 और जी का मतलब जेंट्स शूज था| पैसे का पूरा मूल्य वसूल करने वाले भारतीय ग्राहकों ने वुडलैंड जी-0092 को पसंद किया|

इन जूतों के लिए अवतार सिंह ने रंग भी अतरंगी ही चुने| उन्होंने इन जूतों को खाकी, ब्लैक, ऑलिव, कैमल और इन सबके मिक्स कलर्स में बनाना शुरू किया| इसके बाद तो वुडलैंड के जूतों को ऐसी जबरदस्त पब्लिसिटी मिली कि भारत में वुडलैंड ब्रांडनेम सबको रट गया| इसकी खासियत यही थी कि इसके एक-एक जोड़े जूते सालों तक टिक जाते हैं और इसी बात ने लोगों के बीच वुडलैंड का विश्वास बढ़ाया|

आज है करोड़ों का कारोबार :भारत में वुडलैंड का प्रमुख निर्माण केंद्र नोएडा में है| चमड़े को पंजाब के जालंधर में टेनरियों से सोर्स किया जाता है| वुडलैंड की हिमाचल प्रदेश और उत्तराखंड में 8 फैक्ट्री हैं, जो 70 फीसदी डिमांड को पूरा करती हैं| आज पूरी दुनिया में वुडलैंड के करीब 350 एक्सक्लूसिव शोरूम के साथ 5 हजार से अधिक मल्टी ब्रांड आउटलेट्स भी हैं| वुडलैंड अब 1,250 करोड़ रुपये का कारोबार करती है|

25

दिव्या जैन, उद्यमी

दिव्या जैन ने कैसे बनाया पुराने कंटेनर्स को नौकरी दिलाने का ज़रिया?

युवाओं के भविष्य की चिंता और देश में क्वॉलिटी शिक्षा की कमी ने दिव्या जैन को सेफ़एजुकेट की नींव रखने के लिए प्रेरित किया। कैसे उन्होंने अपनी प्रेरणा को बेकार पड़े कंटेनर्स के ज़रिए साकार करने के बारे में सोचा। कैम्ब्रिज यूनिवर्सिटी से बिज़नेस में मास्टर और लंदन यूनिवर्सिटी से लॉ करनेवाली दिल्ली की दिव्या जैन ने शादी के बाद ससुराल का सप्लाई चेन और लॉजिस्टिक्स से जुड़ा फ़ैमिली बिज़नेस सेफ़एक्सप्रेस जॉइन कर लिया। सेफ़एक्सप्रेस में वे ट्रेनिंग, सिस्टम का गठन और ऑपरेटिंग सिस्टम का प्रबंधन करने लगीं, तब उन्हें महसूस हुआ कि लॉजिस्टिक्स इंडस्ट्री में लोगों के पास कौशल की भारी कमी है। उन्हें लगा लोगों को काम शुरू करने से पहले प्रोफ़ेशनल ट्रेनिंग और सर्टिफ़िकेशन देना बहुत ज़रूरी है। वे कहती हैं,“भारत में युवाओं के पास डिग्री है, पर प्रोफ़ेशनल स्किल्स नहीं है। आगे की शिक्षा के लिए युवा समझ ही नहीं पाते कि किस दिशा में कैसे बढ़ा जाए। उन्हें सही गाइडेंस की सख़्त ज़रूरत है।” और इसी ज़रूरत ने दिव्या को सेफ़एजुकेट की नींव रखने के लिए प्रोत्साहित किया।

कंटेनर में ट्रेनिंग :दिव्या के मुताबिक़, दुनियाभर में लगभग 170 लाख कंटेनर्स हैं| इनके इस्तेमाल के बाद इन्हें वापस कंपनी को भेजने में काफ़ी ख़र्च आता है, इसलिए कई बार इन्हें बिना इस्तेमाल के डिस्पोज़ कर दिया जाता है| जब दिव्या ने वर्ष 2007 में लॉजिस्टिक्स इंडस्ट्री में बेहतर से बेहतर टैलेंट को लाने के ध्येय से "सेफ़एजुकेट" को लॉन्च करने का मन बनाया, तो उन्होंने इसके लिए लॉजिस्टिक्स के इस अहम वेस्ट प्रॉडक्ट को इसकी बुनियाद बनाई| कैसे उन्होंने इसे अपने काम में लाया इसके बारे में दिव्या बताती हैं,"हम सारे कंटेनर्स को एक जगह पर ट्रेनिंग के लिए तैयार करते हैं और फिर ट्रक-ट्रेलर्स की मदद से अलग-अलग इलाक़ों तक इन्हें पहुंचाया जाता है| इससे जिन इलाक़ों में अच्छे इन्फ्रास्ट्रक्चर की कमी है, वहां भी आसानी-से क्वॉलिटी ट्रेनिंग की सुविधा इन कंटेनर्स की मदद से मिल सकती है|" शुरुआत करने से पहले दिव्या ने कई राज्यों में अलग-अलग परिवेश से आनेवाले युवाओं के साथ रिसर्च करके जाना कि कितने युवाओं को इस सुविधा की ज़रूरत है| उसके बाद ख़ासतौर पर ग़रीबी रेखा से नीचे आनेवाले युवाओं तक पहुंचने के लिए सबसे पहले कंटेनर्स लॉन्च किए| कंटेनर्स में ट्रेनिंग की सारी सुविधाएं होती हैं और इन्हें आसानी-से किसी भी खुली जगह पर इंस्टॉल किया जा सकता है| इन्हें केवल इलेक्ट्रिक कनेक्शन की ज़रूरत होती है| दिव्या इस कंटेनर को और भी सुदूर इलाक़ों जहां पर बिजली भी ठीक तरह से नहीं उपलब्ध है, वहां तक पहुंचाना चाहती हैं, इसलिए वे इन्हें सोलर पैनल्स की मदद से चलाने पर काम कर रही हैं| वे बताती हैं,"इस तरह मोबाइल स्किल सेंटर्स से ज़रूरत होने पर यह हर जगह पहुंचाए जा सकते हैं| इसका कम रिसोर्सेस में ज़्यादा से ज़्यादा लाभ देने का कॉन्सेप्ट हमारे प्रधानमंत्री नरेंद्र मोदी को इतना पसंद आया कि उन्होंने भारत के पहले कंटेनर स्कूल का उद्घाटन ख़ुद किया था| हमारी इस पहल को ग्रामीण विकास मंत्रालय द्वारा चैम्पियन एम्प्लॉयर का अवॉर्ड मिल चुका है|"

क्या है सेफ़एजुकेट?असल में सेफ़एजुकेट लर्निंग एक सामाजिक संस्था है, जो युवाओं के कौशल का विकास करने और नौकरी दिलाने में

मदद करती है| सेफ़एज़ुकेट 18 साल से लेकर 30 साल तक के ग्रैजुएट या अन्य कोई डिग्री लिए युवाओं को वोकेशनल और प्रोफ़ेशनल ट्रेनिंग देती है| इसमें ख़ासतौर पर सप्लाई चेन मैनेजमेंट और लॉजिस्टिक्स, रीटेल, मैन्यूफ़ैक्चरिंग और ऑटोमोटिव कामों के लिए ट्रेनिंग दी जाती है| वर्तमान समय में भारत के अलग-अलग हिस्सों में इसके 150 ट्रेनिंग सेंटर्स हैं| दिव्या ने इस बात का ख़ास ख़्याल रखा है कि ओड़िशा, बिहार और उत्तर-पूर्व राज्यों के सुदूर इलाक़ों तक में भी उनके ट्रेनिंग सेंटर्स हों| अब तक सेफ़एज़ुकेट ने कंटेनर स्कूल्स की मदद से 10,000 से ज़्यादा उम्मीदवारों को नौकरी के लिए ट्रेन किया है| वे पूरे आत्मविश्वास के साथ कहती हैं,“मैं चाहती हूं कि सालभर में यह आंकड़ा 70,000 तक पहुंच सके|”

वंचितों तक पहुंचेगी नौकरी :दिव्या बताती हैं,“रीसाइकल्ड कंटेनर्स को क्लारूम्स और प्रैक्टिकल लैब्स में बदलने का विचार बेहद किफ़ायती और सुविधाजनक है| इससे लोगों तक क्वॉलिटी शिक्षा पहुंचाने के लिए अच्छे इन्फ्रास्ट्रक्चर के बनने तक का इंतज़ार करने की ज़रूरत नहीं होगी| ये कंटेनर्स मॉड्यूलर हैं, इसलिए इन्हें आसानी से खोलकर ज़रूरत पड़ने पर दूसरे लोकेशन्स पर भी लगाया जा सकता है| इन कंटेनर्स को क्लासरूम्स, रेस्टरूम्स, कंप्यूटर लैब्स, लाइब्रेरी, ऑफ़िस स्पेस इत्यादि में परिवर्तित किया जा सकता है| इसकी सबसे बेहतरीन बात यह है कि बच्चों को अपने स्थानीय इलाक़े में ही विश्व स्तरीय शिक्षा और तकनीक से रूबरू होने का मौक़ा मिलता है|” दिव्या बड़े-बड़े कॉर्पोरेट पार्क्स में भी इन कंटेनर्स को इंस्टॉल करके ट्रेनिंग देने का विज़न रखती हैं| वर्तमान समय में हरियाणा के बिनौला, बिहार के छपरा, पंजाब के अंबाला और अमृतसर जैसे हिस्सों में यह कंटेनर स्कूल लगाए गए हैं| हम बहुत जल्द और 20 कंटेनर्स देशभर के अलग-अलग हिस्सों में लॉन्च करनेवाले हैं| हमने कौशल विकास मंत्रालय के साथ मिलकर देश के वंचित हिस्सों तक पहुंचने की योजना बनाई है| पहले भी हम सरकार के साथ मिलकर छपरा के शारीरिक रूप से अक्षम बच्चों के लिए कंटेनर में ट्रेनिंग सेशन्स ऑर्गनाइज़ कर चुके हैं|”

मेहनत के बिना सफलता मुमकिन नहीं :दिव्या के मुताबिक़, इस इंडस्ट्री की सबसे बड़ी चुनौती है कि भारत में फ़िलहाल वोकेशनल ट्रेनिंग को बहुत गंभीरता से नहीं लिया जाता| लोगों को यह समझाना कि अच्छी नौकरी पाने के लिए ट्रेनिंग लेना कितना ज़रूरी है, मुश्क़िल काम है| वे बताती हैं स्टूडेंट्स को कंटेनर्स तक लाने के लिए काफ़ी मशक़्क़त करनी पड़ी,"हमारे प्रतिनिधि गांव-गांव जाकर युवाओं और उनके घरवालों से बात करते, उन्हें प्रोग्राम की पूरी जानकारी देते थे| उनकी काउंसलिंग की जाती थी| उन्हें सरल शब्दों में बताया गया कि कैसे इस ट्रेनिंग की मदद से वे नौकरी पा सकते हैं, क्योंकि उनका अंतिम ध्येय नौकरी पाना है और हमारा उन्हें दिलाना| फ़िलहाल हम ऑफ़िस असिस्टेंट, कंसाइमेंट बुकिंग असिस्टेंट, कुरियर ब्रांच सेल्स एग्ज़ेक्यूटिव, डॉक्यूमेंटेशन असिस्टेंट, लोडिंग सुपरवाइज़र, वेयरहाउस ऑपरेटर, पैकर, रीटेल टीम लीडर जैसे कैंडिडेट्स तैयार करते हैं|"दिव्या एक सफल ऑन्ट्रप्रनर के साथ-साथ दो बच्चों की मां भी हैं| और उन्हें अपने काम के लिए बहुत सारी यात्राएं करनी पड़ती हैं| लेकिन उनकी कोशिश रहती है कि दिन के ख़त्म होने से पहले वे अपने घर, अपने बच्चों के पास लौट आएं|

ट्रक ड्राइवर्स की ज़िंदगी को भरा रंगों से :अपने काम के सिलसिले में दिव्या अक्सर देशभर में सफ़र करती रहती हैं| लॉजिसटिक इंडस्ट्री से जुड़ी होने के कारण उन्होंने ट्रक ड्राइवर्स की ज़िंदगी को क़रीब से देखा और उन्हें एहसास हुआ कि देश में ट्रक ड्राइवर्स की ज़िंदगी बद्तर है| बक़ौल दिव्या,"आप ख़ुद ही सोचिए देश के इतने अहम तबके का नाम सुनते ही आपके ज़हन में कैसे शब्द आते हैं-पियक्कड़, एड्स, ट्रैफ़िक जैम्स और दुर्घटनाएं! श्रीनगर से कन्याकुमारी को जोड़ने वाले ट्रक ड्राइवर्स की ज़िंदगी में ताज़गी, ग्लैमर और थोड़ा-सा उत्साह भरने के लिए हमने 4 अंतर्राष्ट्रीय स्तर के बेहतरीन फ़ोटोग्राफ़र को उनकी ज़िंदगी के अलग-अलग पहलुओं को कैमरे में क़ैद करने कहा| हमने एक प्रतियोगिता भी चलाई, जिसके तहत ट्रक पर लिखे आकर्षक वन लाइनर्स भेजने थे| यह प्रोजेक्ट पूरे चार सालों तक चला| अपनी किताब

"हॉर्न प्लीज़" में मैंने ट्रक ड्राइवर्स के स्ट्रगल, एड्स से जूझने, साफ़-सफ़ाई की दिक़्क़त, प्रताड़ना, भ्रष्टाचार, ऐक्सिडेंट्स इत्यादि के बीच उनकी जिजीविषा को दर्शाया है|"

26

पंकज त्रिपाठी, एक्टर

"मर्द अपने अंदर की स्त्री को जीवित रखें तो दुनिया सुंदर हो जाएगी!"

यह कथन है पंकज त्रिपाठी का |बिहार के गोपालगंज ज़िले के एक छोटे-से गांव से ताल्लुक रखनेवाले अभिनेता पंकज त्रिपाठी अब बॉलिवुड के अपने बन चुके हैं| एक साक्षात्कार में इस बेहद सुलझे और सहज इंसान ने अपने बचपन के दिनों को दोबारा जिया, संघर्ष के लम्हों को याद किया, प्यार-परिवार के बारे में बताया और राजनीति जैसे मुद्दे पर अपनी राय ज़ाहिर की| प्रस्तुत है बरेली की बर्फ़ी के प्यारे-से पिता नरोत्तम मिश्रा, न्यूटन के सख़्त असिस्टेंट कमांडेंट आत्मा सिंह और लुका छुप्पी के मज़ेदार किरदार बाबुलाल से हुई लंबी बातचीत के संपादित अंश. आइए पढ़ते हैं ख़ुश रहने और बेहतर इंसान बनने का पंकज त्रिपाठी का फ़ॉर्मूला|

हमें तो रात को तारे सुलाते थे और सुबह चिड़िया उठाती थीं : "मैं गांव के एक साधारण मध्यमवर्गीय किसान परिवार का बच्चा हूं| हम चार भाई-बहन हैं| मैं सबसे छोटा हूं| मेरा बचपन बहुत अच्छा गुज़रा है| हम प्राकृतिक माहौल में पले-बढ़े हैं| रात के साथी जुगनू और सितारे होते, तो दिन में तितलियां, मुर्गियां, गाय और गौरैया| हमने इतनी चिड़िया

देखी हैं, इतनों के नाम जानते थे, जिनके बारे में महानगर के लोग सोच भी नहीं सकते| पक्षियों की हमारे जीवन में बहुत बड़ी भूमिका रही है| हमारी तो गायों से भी बातचीत होती रहती थी| अभी भी गांव में हमारे पास गायें हैं| हम इस तरह प्रकृति से जुड़े होते थे कि एक जानवर से भी संवाद स्थापित कर लेते थे| बचपन के बारे में संक्षेप में कहूं तो रात को तारे सुलाते थे और सुबह चिड़िया उठाती थीं|

जिस क़िस्म का बचपन मुझे मिला है, मैं चाहकर भी बॉम्बे में अपनी बेटी को नहीं दे सकता इसलिए कोशिश करता हूं अपनी बेटी को कम से कम इस बारे में क़िस्से कहानियों में बता पाऊं| मैं उसे यह भी बताता हूं कि आज तुमने जो चाहा वो चीज़ मिल गई, पर सबके लिए जीवन इतना आसान नहीं है| हमारे बचपन में हम जो चीज़ चाहते थे, वो इतनी आसानी से नहीं मिलती थी| तब भी हम ख़ुश रहते थे| हमें अपनी चाहतों पर थोड़ा नियंत्रण रखना चाहिए, क्योंकि ज़रूरतें हमारी सीमित हैं| हमारे आसपास इलेक्ट्रॉनिक चीज़ें नहीं होती थीं| बड़े ही प्राकृतिक माहौल में पले-बढ़े हैं| मैं बेटी को प्रकृति के क़रीब लाना चाहता हूं| चाहता हूं कि वो ग्राउंड में खेलने जाए| ये मोबाइल जैसे इलेक्ट्रॉनिक कचरा बच्चों को विकलांग बना रहे हैं| वे आउटडोर खेलने ही नहीं जा रहे हैं| हमारे बच्चे कितनी चीज़ें मिस कर रहे हैं| कबड्डी, गिल्ली डंडा, खोखो जैसे कितने खेल हुआ करते थे| मैं 100 मीटर रनिंग में भाग लेता था| गांव में हमारे घर के पीछे नदी है| मैं वहां तैरने जाया करता था| बाहरी मनोरंजन के नाम पर हमारे पास रेडियो हुआ करता था| रात को अमीन सयानी का कार्यक्रम संगीत माला सुना करते थे| रेडियो पर दो बार प्रादेशिक समाचार आते थे| अब तो इतने न्यूज़ चैनल हो गए हैं कि दिनभर समाचार ही चलते रहते हैं, पर समाचार के नाम पर होता कुछ नहीं| बस ऐंकर और पैनलिस्ट्स चिल्लाते भर हैं| चैनल को युद्ध का मैदान बनाकर लोगों को बिना मतलब की बातों में उलझा दिया गया है|

आज जो भी हूं, पत्नी के चलते हूं :जब मैं गांव से आगे की पढ़ाई के लिए पटना आया तो थिएटर देखने लगा| मैं बड़ा सीरियस दर्शक था| एक साल तक देखने के बाद लगा कि थिएटर, ऐक्टिंग तो बड़ा ही पावरफ़ुल

मीडियम है| यह ऐसा मीडियम है, जिसके माध्यम से आप अपनी बात रख सकते हैं| इस तरह मैं थिएटर करने लगा| यही वजह है कि अभी भी मैं साल में ऐसी दो-तीन फ़िल्में करता हूं, जिनमें कोई बात हो| फ़िल्म, मनोरंजन के साथ-साथ कोई बात कहना चाहती हो| इसीलिए मसान, निल बटे सन्नाटा और न्यूटन जैसी फ़िल्में मेरे खाते में हैं|

हिंदी थिएटर इसलिए करता था, क्योंकि थिएटर मुझे अच्छा लगता था, वहीं फ़िल्में पैसों के लिए यानी सर्वाइवल के लिए करता था| आख़िर मुझे भी परिवार चलाना था| ड्रामा स्कूल की ट्रेनिंग के बाद मैं पटना गया| वहां थिएटर करना शुरू किया, जो बहुत कठिन लगा, क्योंकि थिएटर में पैसे नहीं मिलते थे| लगा कि यहां तो सर्वाइवल ही मुश्क़िल हो जाएगा| तब तक मेरी शादी भी हो चुकी थी| फिर मैं सर्वाइवल के लिए बॉम्बे आ गया, ताकि फ़िल्मों में थोड़े पैसे भी मिल जाएं| हिंदी थिएटर में पैसे नहीं हैं, बिल्कुल नहीं हैं|

शुरुआती दौर में यदि मैं बंबई में टिका रह पाया तो इसमें मेरी पत्नी मृदुला तिवारी का सबसे बड़ा योगदान है| उन्हें मुझपर भरोसा था| और भरोसे पर ही तो आप किसी से प्यार करते हो| भरोसे के बदौलत सब हो गया| वे ही कमाती थीं, घर चलाती थीं| उन्होंने मुझे झेला नहीं, बल्कि पाला है, चलाया है| उन्हें मेरे क्राफ़्ट, मेरे प्रयास, मेरी मेहनत, ईमानदारी पर भरोसा था| इसीलिए तो उन्होंने मुझसे विवाह किया, वर्ना ऐसे लड़के से कौन विवाह करता है, जिसका पता ही नहीं क्या होगा? ड्रामा स्कूल से पास आउट होते ही मैंने शादी कर ली थी| हम दोनों ट्रेन के स्लीपर क्लास में बैठकर मुंबई आए थे|

वे एक स्कूल में पढ़ाती थीं| उनकी कमाई से हमारी बेसिक ज़रूरतें पूरी हो जाती थीं| बंबई में टिकाने और ऐक्टर बनाने में उनका बड़ा योगदान है| वैसे मेरे जीवन में महिलाओं का बड़ा योगदान रहा है| फ़िल्मों में मुझे पहला बड़ा रोल निर्देशक भावना तलवार ने अपनी फ़िल्म धर्म में दिया था| दूसरी महिला थीं अनुराधा कपूर, जो पटना में एक नाटक में देखने के बाद मुझे टोक्यो लेकर गई थीं| अनुराधा कपूर दिल्ली में एनएसडी की डायरेक्टर थीं| आज मैं जो हूं, वह बनाने में मृदुला तिवारी, भावना तलवार, अनुराधा कपूर और मेरी मां हेमवंती देवी का बड़ा योगदान है|

गांव के लोग कहते थे फ़िल्मों में कपड़े-वपड़े बनाता होगा : बॉम्बे में मेरे स्ट्रगल के शुरुआती पंद्रह सालों तक लोगों को यक़ीन ही नहीं होता था कि यह फ़िल्मों में काम कर रहा है| लोग कहते थे वो वहां कुछ और करता होगा| फ़िल्म इंडस्ट्री में कपड़े-वपड़े बनाता होगा| जब हम दिखने लगे, तब लोगों को विश्वास हुआ कि ऐक्टिंग करता है यह| हां, अब लोगों का नज़रिया बदल गया है| घर जाने पर घर में थोड़ी-सी भीड़ हो जाती है| बाक़ी मेरी ओर से कोई बदलाव नहीं आया है| बहुत सारे लोग ढेर सारे सवाल लेकर आ जाते हैं, जैसे-फ़िल्में बनती कैसे हैं? सीन कैसे करते हैं? अभिनय के बारे में सवाल पूछते हैं, गॉसिप के बारे में पूछते हैं| अभी भी वहां माइंडसेट यही है कि हीरोइनें और सितारे इंसान हैं या नहीं, पता नहीं! मैं उन्हें बताता हूं कि वो भी हमारे आपके जैसे सामान्य इंसान हैं| एसिडिटी सबको होती है| चाहे हीरोइन हो, हीरो हो या चाहे मोदी जी हों| हम सब इंसान ही हैं|

नैशनल अवॉर्ड मिला तो कुछ मीडियावाले भी पहुंच गए थे| तब माई-बाबूजी ने सोचा 'कुछ बड़ा हुआ है क्या?' मेरे मां-पिताजी ने मुझे कभी बड़े पर्दे पर नहीं देखा है| कभी किसी ने कम्प्यूटर, लैपटॉप पर दिखा दिया तो दिखा दिया| आज भी गांव के मेरे घर में टीवी नहीं है, क्योंकि टीवी चाहिए ही नहीं| यह उनकी अपनी चॉइस है| दरवाज़े पर छह गायें हैं| उन्हें इसी में ख़ुशी मिलती है|

मुझे अपने माता-पिता को लेकर संतुष्टि महसूस होती है| मैं पिछले 15-20 सालों से उनसे दूर हूं| उन्हें पता नहीं था कि ये क्या कर रहा है| बस इतना जानते थे कि कुछ ऐक्टिंग-वेक्टिंग कर रहा है| पता नहीं उसमें होगा या नहीं होगा, क्योंकि यह बहुत मुश्किल काम है| अब उन्हें लगता है कि इसने कुछ अच्छा किया होगा, क्योंकि गांव जाता हूं तो कभी जिलाधिकारी आ जाते हैं या बड़े-बड़े पदाधिकारी आ जाते हैं| इससे उन्हें अच्छा लगता है| उनकी आंखों में सुकून देखता हूं| उन्हें सबसे बड़ा सुकून यही है कि चलो हमसे दूर रहा कोई बात नहीं, भटका तो नहीं| ग़लत नहीं किया| यही मेरे लिए सबसे बड़ी उपलब्धि है|

फ़िल्में मिल रही हैं, पर नहीं आती इंडस्ट्री का हिस्सा होने की फ़ीलिंग :अब मेरे पास ढेर सारी स्क्रिप्ट्स आती रहती हैं| बहुत बिज़ी हो गया

हूं, पर मुझे आज भी फ़िल्म इंडस्ट्री का हिस्सा होनेवाली फ़ीलिंग नहीं आती| इसका क्या कारण है, मुझे भी ठीक से नहीं मालूम| हो सकता है इसका कारण यह हो कि हम बाहर से आए हैं| बारह-चौदह साल हर दरवाज़ा खटखटाने के बाद अब थोड़ी-सी जगह बनी है| पर अब भी मैं किसी सर्कल या कैम्प का हिस्सा नहीं महसूस करता और वाक़ई किसी सर्कल का हिस्सा हूं भी नहीं| मुझे जो भी बुलाता है, यदि रोल ठीक लगता है तो कर लेता हूं| काम करता हूं, पैसे लेता हूं और घर आ जाता हूं| फ़िल्मी पार्टियों में मैं बड़ा असहज महसूस करता हूं| इसलिए जितना संभव हो मैं पार्टियों में नहीं जाता| पर हां, लोग प्यार करते हैं| बहुत सारे सीनियर ऐक्टर्स हैं, जिन्हें मैं पसंद करता था, वे जब मिलते हैं तो प्यार करते हैं, अच्छा लगता है| जैसे पिछले दिनों थाइलैंड में अनिल कपूर मिल गए, उन्होंने बहुत तारीफ़ की| कहा,'यार तुम क्या करते हो! जब भी तुम्हें देखता हूं तो भूल जाता हूं कि पिछली फ़िल्म में तुमने कौन-सी भूमिका की थी| मैंने न्यूटन देखा तो कहा कि यार क्या ऐक्टर है! बरेली की बर्फ़ी देखा तो लगा कि यार क्या ऐक्टर है! मुझे याद ही नहीं आया कि तुमने न्यूटन भी किया था| वहां तुम अलग ही लग रहे थे|' ऐसे ही जग्गू दा (जैकी श्रॉफ) हैं, जो बहुत प्यार करते हैं| अब अनिल कपूर और जैकी श्रॉफ को हम राम लखन में देखकर बड़े हुए हैं| अच्छा लगता है कि मैं जो काम कर रहा हूं, वह लोगों को पसंद आ रहा है|

हर मर्द अपने अंदर की स्त्री को सहेजे और उसे जीवित रखे, दुनिया सुंदर हो जाएगी :हम पुरुषों को अपने स्त्री पक्ष पर काम करने, उसे उभारने की बहुत ज़रूरत है| कलाएं हमारे जीवन का स्त्री पक्ष हैं| बहुत से लोगों को लगता है कि कलाओं का क्या काम है समाज में| कलाओं का काम है वेदना, करुणा, संवेदना, प्रेम और वात्सल्य को अगली पीढ़ी तक पहुंचाना| आज जिस तरह का माहौल बना हुआ है करुणा, दया, प्रेम, वात्सल्य स्त्रियों के लक्षण माने जाते हैं| यदि यह लक्षण स्त्रियों के हैं तो मैं चाहता हूं कि ये पुरुषों में भी होने चाहिए, इससे समाज बेहतर होगा|

पिछले दिनों मैंने ख़बर पढ़ी कि हमारे यहां छपरा में एक लड़की ने स्कूल में 18 लोगों पर रेप का आरोप लगाया है| उसमें स्कूल के प्रिंसिपल भी शामिल हैं| यह सुनकर मैं बड़ा आहत हुआ, यार हम कहां जा रहे

हैं| यदि पुरुष अपने स्त्री पक्ष पर काम करने लगेंगे, उसे उभारेंगे, उसे दबाएंगे नहीं तो समाज और सुंदर हो जाएगा|

यह एक ग़लत धारणा बन गई है कि 'यह देखो आदमी होकर औरत जैसा रो रहा है साला! लड़की टाइप कर रहा है!' अरे, करने दो उसे लड़की टाइप यार| यह कुरीतियों की तरह बहुत ही ग़लत धारणा बन गई है कि जिसमें नरमी है, जिसमें प्रेम है, जिसमें संवेदना, जो छल-कपट से दूर है वो पुरुष, पुरुष नहीं है| यह क्या बात है भाई? जबकि यह तो इंसान के बेहतरीन लक्षण हैं| ऐसा तो होना ही चाहिए हर इंसान में| सच तो यह है कि कई बार हम अपनी मर्दानगी के चक्कर में अपने स्त्रीत्व को भूलते जाते हैं| हर मर्द के अंदर एक स्त्री होती है| इस वक़्त ज़रूरी है कि हर मर्द अपने अंदर की स्त्री को सहेजे और उसे जीवित रखे, दुनिया सुंदर हो जाएगी| मैं तो अंदर से स्त्री हूं और यह स्वीकारने में मुझे कोई परहेज़ नहीं है| मैं चाहता हूं कि बाक़ी मर्दों में भी ये भावनाएं आएं|

हमारे समाज में हमने स्त्रियों को बहुत परेशान किया है| उन्हें दबाकर रखा है| अब और क्या कहूं, कभी-कभी सोच-सोचकर परेशान हो जाता हूँ| भारतीय समाज में स्त्री-पुरुष का संबंध अजीब-सा है| हमने स्त्रियों को आज़ादी नहीं दी है| उन्हें जीने दो अपने हिसाब से| अब तो ख़ैर ऐसा हो रहा है|

फ़िल्म इंडस्ट्री में जब मैंने काम शुरू किया था तब मुश्किल से दो या चार महिलाएं होती थीं| आज लगभग 20 से 30 प्रतिशत काम महिलाएं करने लगी हैं| कॉस्ट्यूम डिपार्टमेंट तो ले ही लिया लड़कियों ने| मेकअप, हेयर और प्रोडक्शन में आ गई हैं| क्रिएटिव में आ गई हैं| मैं देख रहा हूं कि पिछले पंद्रह साल में फ़िल्म इंडस्ट्री में कितनी लड़कियों का आगमन हुआ है| उन्होंने कैसे अपनी जगह बनाई है| यह हर सेक्टर में, हर क्षेत्र में होना चाहिए | राजनीति में भी होना चाहिए| पार्टियां नारा लगाते रहती हैं, पर चुनाव के समय अपनी पार्टी के 33% टिकट नहीं देंगी| यदि आप सही मायने में महिलाओं के हितैषी हैं तो दे दीजिए अपनी पार्टी में 33% उम्मीदवारी उन्हें|

छात्र राजनीति नहीं होगी तो नेता कहां से आएंगे?इन दिनों बहुत से लोग

कहते हैं कि छात्रों का काम पढ़ना-लिखना है, राजनीति करना नहीं, पर यदि छात्र राजनीति नहीं होगी तो हमारे नेता कहां से निकलेंगे? वैसे भी छात्र राजनीति विश्वविद्यालयों और कॉलेजों में होती है, स्कूलों में नहीं| जेपी के आंदोलन में जितने भी लोग आए हैं, छात्र राजनीति से ही आए हैं| लालू जी हों, नीतीश जी हों, रामविलास जी हों सब के सब छात्र राजनीति से आए हैं| छात्र राजनीति बिल्कुल होनी चाहिए, पर इसका यह मतलब नहीं होना चाहिए कि अपने-अपने राजनीतिक दलों का झंडा उठाकर कैम्पस में घूमें| कैम्पस में छात्रों के हक़ की बात करें| छात्र राजनीति ठोस होनी चाहिए, वर्ना नेता बनेंगे कहां से? आसमान से आएंगे क्या? देखिए डॉक्टर वही होता है, जो एमबीबीएस की पढ़ाई करता है, फिर नेता बनने की ट्रेनिंग भी तो मिलनी ही चाहिए| हां, छात्र राजनीति हेल्दी होनी चाहिए| छात्र नेताओं को अपनी मदर पार्टियों के एजेंडे पर नहीं, बल्कि छात्रों की बेहतरी के लिए काम करना चाहिए|

यह सही है कि मैं छात्र जीवन में एबीवीपी से जुड़ा था| देखिए, पहले की राजनीति कुछ और थी, पर आज जिस क़िस्म की राजनीति चल रही है वहां मेरे लिए बहुत कम स्कोप है| वहां इतना झूठ, सच, प्रोपैगेंडा है... क्या कहूं| मुझे लगता है कि मेरे लिए राजनीति में आना बहुत कठिन है| यदि आऊंगा तो फंस जाऊंगा| वहां बहुत ट्रूथफ़ुल व्यक्ति की ज़रूरत ही नहीं है| सत्य को देखने के लिए बहुत कष्ट उठाना पड़ता है| जो खुली आंखों से दिख रहा है, ज़रूरी नहीं वह सत्य ही हो| आज राजनीति में सत्य पता नहीं कहां चला गया है| मैं छात्र जीवन में भले ही राजनीति में रहा हूं, पर अब मैं नहीं आऊंगा| यदि आऊंगा तो टिक नहीं पाऊंगा| इससे बेहतर है आऊं ही नहीं|

सांप्रदायिक माहौल से लगता है डर :संबंधों को खोने का डर मेरे लिए सबसे बड़ा डर है| वह कोई भी संबंध है| जिस तरह का सांप्रदायिक माहौल बन रहा है, उससे भी मुझे डर लगता है| वैसे उसे डर के बजाय चिंता कहना ज़्यादा सही होगा| मैं हमेशा कहता हूं कि यदि सरकार आर्ट और कल्चर (कला और संस्कृति) का बजट बढ़ा देगी तो लॉ ऐंड ऑर्डर का बजट अपने आप कम हो जाएगा| हर स्कूल में बच्चों को कविता, कहानी, डांस आदि सिखाइए तो वे अच्छे नागरिक बनेंगे| जब वे अच्छे नागरिक

बनेंगे तो समाज में अपने आप क़ानून और पुलिस का काम कम हो जाएगा| मैं बातूनी आदमी हूं, पूछोगे राम तो बताऊंगा रहीम|

नहीं भूल सकता पंकज कपूर की कही वह बात :संघर्ष के दिनों में भी कभी ऐसा नहीं लगा कि फ़िल्मों के लिए नहीं बना हूं या यहां काम नहीं कर पाऊंगा| मेरा मानना है ख़राब तो मशीन होती है| इंसान कैसे गड़बड़ या ख़राब हो सकता है| मिसाइल या रॉकेट जो लॉन्च किए जाते हैं, उनमें टेक्निकल एरर हो सकता है, आदमी में क्या टेक्निकल एरर होगा? हम कैसे हारेंगे? हमारी फ़िटिंग गड़बड़ नहीं है| जब आप जागरूक हैं, संवेदनशील हैं तो आप हर दिन, हर घटना से सीखते हैं| ऐसी कोई एक घटना तो याद नहीं पड़ती, जिसने मुझे जीवन की सबसे बड़ी सीख दी हो| छोटी-छोटी चीज़ें आपको सिखाती हैं| हां, पंकज कपूर की कही एक बात मुझे हमेशा याद रहेगी| हम बनारस में शूटिंग कर रहे थे| हम घाट की सीढ़ियों पर बैठे थे| पंकज जी ने सीढ़ियों की ओर दिखाते हुए कहा,'देख पंकज, ये जो बीच वाली सीढ़ियां हैं ना, हम लोग वहां बैठे हैं| हम बाबा की तरह बीच में बैठे हैं| बहुतों को हमने सीढ़ियों से नीचे से ऊपर चढ़ते देखा, फिर उन्हें ऊपर से नीचे आते भी देखा, पर हम यहीं चुपचाप बैठे हैं| अपनी साधना कर रहे हैं| तो जीवन में, अभिनय में ऐसे ही एक ठहराव रखो और इत्मीनान से काम करो| न ऊपर जाना है, न नीचे आना है|' मैं अक्सर कहता हूं, मैं फ़्लॉप नहीं होऊंगा, क्योंकि मैं हिट भी नहीं होऊंगा| हम अपने आप, अपने हिसाब से अपना काम करते रहेंगे, ईमानदारी से| आपकी ईमानदारी और सच्चाई दिख जाती है| भले वक़्त लगे, पर दिख जाता है| उसकी चमक अलग होती है| मैं पंकज जी की बात का पालन करता हूं कि असफलता में परेशान नहीं होना है और सफलता में घमंडी भी नहीं होना है| अब लाइफ़ ठीक ही है|

प्रेम विवाह करनेवाला अपने गांव का पहला व्यक्ति हूं :मेरी दो बहनों की शादी दहेज देकर हुई थी| मैंने घर में मां-बाप को परेशान और बहनों को जूझते हुए देखा था| तभी मैंने तय कर लिया था कि मुझे करना है तो प्रेम विवाह ही| न दहेज लेना है और न देना है| लड़की मिली तो घरवालों को कन्विंस करने में कुछ साल लगाए, आख़िरकार हो गई शादी| मैं अपने

खानदान या कह सकते हैं कि गांव का प्रेम विवाह करनेवाला पहला व्यक्ति हूं| थोड़े संघर्ष के बाद मान गए सब लोग| वैसे यह बड़ी लंबी कहानी है| पर इसे संक्षेप में कहना हो तो कहूंगा लड़की दसवीं और लड़का ग्यारहवीं में था| कहानी में मोड़ भी बहुत आए| पर अंत में हैप्पी एंडिंग हुई|

अगर आप मुझसे प्रेम की परिभाषा पूछेंगे तो कहूंगा कि प्यार में शुरुआत में तो एक दैहिक आकर्षण ही होता है| जैसे आप कोई दृश्य देखते हैं तो सबसे पहले जो आंखों को दिखता है वही आकर्षित करता है| मेरा भी पहले आंखों वाला ही प्यार था, पर फिर वैचारिक आकर्षण हो गया| अब तो आध्यात्मिक प्यार हो गया है!

महिलाओं के अटेंशन को सहजता से लेता हूं : मैं जिस इंडस्ट्री में हूं, वहां ज़ाहिर है महिलाओं का अटेंशन मिलता है| जीवन जीने का मेरा तरीक़ा है सहज रहो| मुझसे मिलकर सामनेवाला भी सहज हो जाता है| महिलाएं मुझे बहुत पसंद करती हैं, चाहे बरेली की बर्फ़ी की वजह से हो, न्यूटन की वजह से हो या वेब सिरीज़ पाउडर की वजह से| मैंने कहा ना कि मैं अंदर से एक स्त्री हूं, तो यह ख़बर स्त्रियों तक पहुंच जाती है| यही बात उनको मुझसे जोड़ती है| मैं उनसे मिलता हूं| बातें करता हूं| इसमें हैंडल करने जैसी कोई बात ही नहीं आती| हां, सोशल मीडिया पर हर आए दिन दो-चार दस मैसेज आते हैं, लगातार आते हैं| पर मैं ऐसे मैसेजेस को बिल्कुल भी एंटरटेन नहीं करता| इनपर ध्यान ही नहीं देता| पता नहीं, कौन हैं? क्या हैं? इसमें व्यर्थ क्यों फंसना| बहुत पढ़ी-लिखी और सजग महिलाओं ने मेरे काम पर बेहतरीन कमेंट्स किए हैं, जो क्राफ़्ट को पसंद करती हैं| मुझे जितने लोग हिंदुस्तान में पसंद करते हैं, लगभग उतने ही हिंदुस्तान के बाहर भी करते हैं| वो मुझे मैसेजेस करते रहते हैं, मुझे पता है कि यह सब मेरे क्राफ़्ट की वजह से आते हैं| कौन-सा मैसेज कौन-से मकसद से आया हुआ है, यह पढ़ लेते हैं| जिसके बारे में लगता है कि इसको रिप्लाई करना चाहिए तो करता हूं|

किन लेखकों को पढ़ना पसंद करते हैं?श्रीलाल शुक्ल, फणीश्वरनाथ रेणू,

नागार्जुन, विनोद कुमार शुक्ल और उदय प्रकाश| नए लेखकों में गौरव सोलंकी अच्छा लिखते हैं| विश्व साहित्य में मुझे मैक्सिम गोर्की बहुत पसंद हैं| गोर्की की कहानियों को पढ़ते हुए हमेशा लगता है कि लैंडस्केप बदल दूं तो हमारे गांव की ही कहानी है| बर्फ़ और क्रिस्मस हटा दें तो सारी बातें हमारे गांव वाली ही होती हैं|

ख़ुद में कौन-सा बदलाव महसूस करते हैं?मुझे लगता है कि बतौर अभिनेता मेरी ग्रोथ हुई है| दस साल पहले का अपना अभिनय देखता हूं तो कहता हूं यार मैंने ग्रोथ किया है| पहले कितना घटिया ऐक्टर था| अभी भी बहुत अच्छा नहीं हूं, पर उस ऐक्टिंग को देखकर कहता हूं उससे तो बेहतर ही कर रहा हूं|

कैसे व्यक्ति और अभिनेता के रूप में याद किया जाना चाहेंगे?अच्छे व्यक्ति और अभिनेता के रूप में|

किस तरह की भूमिकाएं नकार देते हैं?अभिनय क्राफ़्ट है, पर मेरी कुछ लिमिटेशन्स हैं, जैसे-यदि बच्चों को अब्यूज़ करनेवाला रोल हो तो मैं मना कर देता हूं| साफ़ कह देता हूं कि यह मुझसे नहीं हो पाएगा| भले ही यह अभिनय ही हो पर अभिनय में भी मेरी एक बाउंड्री है| बाक़ी नेगेटिव किरदार भी स्वीकार करता हूं और उनमें ह्यूमन एलिमेंट लाने की कोशिश करता हूं, क्योंकि मेरा स्ट्रॉन्गली मानना है कि कोई विलेन नहीं होता| परिस्थितियां इंसान को विलेन बनाती हैं|

हिंदी फ़िल्म इंडस्ट्री की एक अजीब बात...भले ही यह हिंदी फ़िल्म इंडस्ट्री है, पर यहां की आंतरिक भाषा अंग्रेज़ी ही है| यहां लिखते, पढ़ते, सोचते अंग्रेज़ी में ही हैं| मुझे रोमन में लाइनें याद नहीं होती हैं तो मैं देवनागरी में लिखवाता हूं या ख़ुद ही लिख लेता हूं|

27

अंसार शेख,IAS

"दुनिया की हर परेशानी आपकी हिम्मत के आगे घुटने टेक देती है|"

रिक्शा चालक पिता नहीं चाहते थे कि बच्चा पढ़े-लिखे, 21 साल की उम्र में IAS बनकर बच्चे ने रचा इतिहास |

कहा जाता है कि यूपीएससी की परीक्षा देने में आपको चार से पांच साल की मेहनत लगेगी| आपको कम से कम दो से तीन बार परीक्षा देनी होगी| हर किसी को इस बात का भ्रम होता है कि उन्हें किन हालातों से गुजरना पडेगा | बहुत कम उम्मीदवार होते हैं जो पहली कोशिश में यूपीएससी की परीक्षा पास कर लेते हैं| उन चंद जुनूनी इंसानों में आईएएस अधिकारी अंसार शेख भी शामिल हैं| अंसार पहली कोशिश में यूपीएससी परीक्षा पास करने वाले सबसे कम उम्र के उम्मीदवार हैं |अंसार का जन्म महाराष्ट्र के जालना जिले के शेलगांव गांव में एक बेहद गरीब परिवार में हुआ था| पापा ऑटो रिक्शा चलाते हैं| परिवार में उनके पिता की तीन पत्नियां, एक भाई और दो बहनें हैं |

भाई ने सात साल की उम्र में स्कूल छोड़ दिया और परिवार के लिए गैरेज में काम करना शुरू कर दिया| बचपन में बहनों के हाथ पीले हो गए थे|परिवार को उम्मीद थी कि अंसार स्कूल छोड़ कर कहीं नौकरी करेगा| अंसार के घर में शिक्षा को कोई महत्व नहीं देता था| पिता को शराब की लत थी और परिवार घोर गरीबी से गुजर रहा था | उनकी माँ उनके पिता की दूसरी पत्नी थी जो खेतों में मजदूरी करती थी |अंसार अपने पिता के क़दमों पर चलने को बिलकुल तैयार नहीं थे | उन्होंने अपने लिए नया रास्ता चुना और इतिहास रच दिया |

गरीबी के कारण अंसार शेख के पिता और रिश्तेदारों ने उनसे स्कूल छोड़ने के लिए कहा था| उनके पिता तो स्कूल तक भी पहुँच गए थे | लेकिन वहाँ उनके शिक्षक ने उनके पिता को समझाया कि अंसार पढाई में बहुत होशियार है | जब वह 12 वीं में थे तब अंसार को 91 प्रतिशत अंक मिले थे और इसलिए उनके पिता ने फिर कभी स्कूल छोड़ने का मुद्दा नहीं उठाया। उन्होंने अपनी डिग्री में 73 प्रतिशत अंक प्राप्त किए और पुणे के फर्ग्यूसन कॉलेज से राजनीति विज्ञान में स्नातक किया| उन्हें हमेशा पढ़ाई का शौक था|

उन्हें यूपीएससी की परीक्षा देने के लिए उनके एक शिक्षक ने प्रेरित किया।अंसार शेख यू पी एस सी परीक्षा की तैयारी करते हुए लगातार तीन सालों तक हर हर दिन लगभग 12 घंटे काम किया | उन्होंने एक साल के लिए कोचिंग ज्वाइन की थी | उनकी आर्थिक हालत को देखते हुए कोचिंग अकादमी ने उनकी फीस का एक हिस्सा माफ़ कर दिया था |इतनी कठिनाइयों से जूझते हुए भी अंसार शेख अपने लक्ष्य को लेकर बिलकुल स्पष्ट थे | उन्होंने साल 2016 में यू पी एस सी परिक्षा के अपने पहले ही प्रयास में 361 वीं रैंक हासिल की थी | उस समय उनकी उम्र 21 साल थी | वह देश के सबसे कम उम्र के आई ए एस ऑफिसर हैं | अभी तक उनका रिकोर्ड कोई तोड़ नहीं पाया है| उन्होंने अपनी और अपने परिवार की किस्मत बदल दी|

जब पत्रकार अंसार के घर इंटरव्यू के लिए गए तब उनके घर में बल्ब भी नहीं था। उस समय अंसार का भाई दुकान पर गया और एक बल्ब लेकर आया, जिससे अंदाजा लगाया जा सकता है कि उनके घर की

हालत खराब थी| अंसार शेख ने अपना करियर बनाने के बाद शादी की थी | उनकी बीवी का नाम वाइजा अंसारी है| अंसार शेख ने अपने जुनून और मेहनत के बल पर अपने और अपने परिवार की किस्मत बदल दी|

28

IAS/IPS का परिवार

“उठो जागो और तब तक न रुको जब तक लक्ष्य प्राप्त नया हो जाए|"

बैंक की नौकरी कर पिता ने अपने 4 बच्चों को पढ़ाया, सभी भाई-बहनों ने पास की UPSC और बन गए IAS-IPS

UPSC को देश की सबसे कठिन परीक्षाओं में से एक माना जाता है| हर साल लाखों लोग इस परीक्षा में अपना भाग्य आजमाते हैं| लेकिन मौका कुछ एक को ही मिल पाता है| किसी गांव या शहर से किसी एक का भी यूपीएससी एग्जाम पास कर लेना बड़ी बात मानी जाती है| ऐसे में अन्य युवा यू पी एस सी की परीक्षा पास करने वालों को अपना आदर्श मानते हैं|

ऐसी कठिन परीक्षा को अगर एक ही परिवार के चार भाई-बहन एक साथ पास कर लें तो ये वाकई में आश्चर्य की बात होगी| ऐसा आश्चर्य उत्तर प्रदेश के लालगंज जिले में देखने को मिला| यहां के रहने वाला एक परिवार के चार सदस्यों ने यूपीएससी एग्जाम पास किया और वे सभी IAS और IPS पद पर कार्यरत है|

परिवार के 4 लोगों ने पास किया यूपीएससी :ये चारों भाई-बहन हैं, जिनमें दो भाई और दो बहनें शामिल हैं| पूर्व बैंक मैनेजर पिता की इन संतानों ने कमाल कर दिखाया है| ऐसे में ग्रामीण बैंक के मैनेजर रह चुके अनिल प्रकाश मिश्रा ने अपने बच्चों की इस कामयाबी पर मीडिया से कहा कि, वैसे तो वह एक ग्रामीण बैंक के मैनेजर थे लेकिन उन्होंने कभी भी अपने बच्चों की शिक्षा से कोई समझौता नहीं किया| वह हमेशा से चाहते थे कि उनके बच्चों को अच्छी नौकरी मिले| ऐसे में बच्चों ने भी अपनी पढ़ाई पर ध्यान दिया और मेहनत से कभी पीछे नहीं हटे|

बड़े भाई हैं आईएएस :चार भाई-बहनों में सबसे बड़े योगेश मिश्रा एक आईएएस अधिकारी हैं| उन्होंने अपनी शुरुआती शिक्षा लालगंज में पूरी की और फिर मोतीलाल नेहरू नेशनल इंस्टीट्यूट ऑफ टेक्नोलॉजी से इंजीनियरिंग की| योगेश ने पढ़ाई के बाद नोएडा में जॉब करते हुए सिविल सर्विस की तैयारी की| 2013 में उनकी मेहनत रंग लाई और उन्होंने यूपीएससी परीक्षा पास कर ली|

योगेश के बाद उनकी बहन क्षमा मिश्रा ने भी उनकी ही तरह सिविल सर्विस को चुना और मन लगाकर इसकी तैयारी की| पहले तीन प्रयास में वह असफल रहीं लेकिन इसके बावजूद उन्होंने हिम्मत नहीं हारी और चौथे प्रयास में इस एग्जाम को क्रैक कर लिया| अब क्षमा एक आईपीएस अधिकारी हैं|

पिता को है सभी पर गर्व :इसके बाद दूसरी बहन माधुरी मिश्रा ने लालगंज के एक कॉलेज से ग्रेजुएशन किया है| फिर प्रयागराज से मास्टर्स करने के बाद उन्होंने 2014 में यूपीएससी एग्जाम क्रैक कर लिया| अब वह झारखंड कैडर की आईएएस अधिकारी बन गई हैं| चार भाई बहनों में दूसरे भाई ने 2015 में यूपीएससी परीक्षा क्रैक की और ऑल इंडिया 44वां रैंक प्राप्त किया| अब वह बिहार कैडर में हैं|

इन चारों भाई बहनों के पिता अपने बच्चों पर गर्व महसूस करते हुए कहते हैं कि, 'इससे ज्यादा मैं अब क्या मांग सकता हूं| अपने बच्चों की वजह से आज मेरा सिर शान से उठा रहता है|'

29

डॉक्टर विकास दिव्यकीर्ति,प्रशिक्षक

कभी दिल्ली में बेचते थे कैलकुलेटर, आज युवाओं को बना रहे IAS-IPS अफसर

डॉ. विकास दिव्यकीर्ति, वो शख्स जो कभी सेल्समैन बनकर दिल्ली में कैलकुलेटर बेचा करते थे। अपने भाई के साथ कभी प्रिंटिंग का काम किया करते थे। आज ये युवाओं को अफसर बना रहे हैं। UPSC की तैयारी करने वालों के बीच काफी लोकप्रिय हैं। इनके पढ़ाने और समझाने का सरल, सहज और हल्का-फुल्का मजाकिया अंदाज ही इन्हें बाकी शिक्षकों से जुदा बनाता है। आईएएस-आईपीएस अफसर बनने की तैयारी करने वाले अभ्यर्थी न केवल विकास दिव्यकीर्ति के पढ़ाने के तौर-तरीकों बल्कि इनकी शख्सियत के भी मुरीद हैं, मगर इनकी निजी जिंदगी के बारे में बहुत कम अभ्यर्थी जानते हैं।

साल 1973 में जन्मे विकास दिव्यकीर्ति : मूलरूप से पंजाब के रहने वाले डॉ. विकास दिव्यकीर्ति कहते हैं कि इंटरनेट पर उनके बारे में कई जानकारी गलत है। मसलन उनका जन्म 1973 में हुआ ना कि साल 1976 में। इन्होंने साल 1996 में यूपीएससी का पहला अटेम्प्ट दिया

था। 1976 में ही जन्मे होते तो 20 साल की उम्र में यूपीएससी सिविल सेवा परीक्षा में कैसे बैठते। उसके लिए तो कम से कम 21 साल जरूरी है। इनकी यूपीएससी जर्नी काफी रोचक रही है। वो नहीं चाहते थे कि कोई जाने कि ये यूपीएससी में भी भाग्य आजमा रहे हैं। 1996 में अपने पहले प्रयास में प्री पास करने के बाद मुख्य परीक्षा के लिए बंगलुरु का सेंटर चुना। दिल्ली से फ्लाइट में बंगलुरु जाते और परीक्षा देने के बाद वापस फ्लाइट से दिल्ली लौट आते और फिर मुखर्जी नगर की सड़कों पर घूमने लगते ताकि साथ वाले ये सोचे कि ये तो दिल्ली में घूम रहा है। यूपीएससी की परीक्षा नहीं दी होगी।

24 साल की उम्र में यूपीएससी अभ्यर्थियों को पढ़ाने लगे: "दृष्टि" आईएएस की स्थापना करने वाले डॉ. विकास दिव्यकीर्ति कहते हैं कि अपने पहले प्रयास में यूपीएससी की सिविल सेवा परीक्षा पास करने के बाद इन्हें वित्तीय संकट का सामना पड़ा। लोगों से काफी पैसे उधार ले रखे थे। ज्वाइनिंग से पहले उधारी वाले पैसे चुकाने के लिए इन्होंने साढ़े 24 साल की उम्र में साल 1998 में यूपीएससी अभ्यर्थियों को पढ़ाना शुरू कर दिया था। इनके पिता हरियाणा के रोहतक में स्थित महर्षि दयानंद विश्वविद्यालय से संबद्ध कॉलेज में हिंदी के अध्यापक रहे हैं। माता हरियाणा के भिवानी के एक स्कूल में हिंदी पढ़ाया करती थीं। विकास दिव्यकीर्ति समेत इनके दोनों भाइयों की शुरुआती पढ़ाई भी उसी स्कूल में हुई है।

राजनीति में सक्रिय रहे डॉ. दिव्यकीर्ति :भिवानी से स्कूल शिक्षा पूरी करने के बाद विकास दिव्यकीर्ति के पिता चाहते थे कि वे सीएम से भी बड़े नेता बनें। यही वजह में उन्होंने दिल्ली विश्वविद्यालय में दाखिला लिया। अखिल भारतीय विद्यार्थी परिषद (एबीवीपी) से जुड़े। प्रथम वर्ष की पढ़ाई पूरी होते-होते ऐसा संकट आया कि इन्होंने डीयू के स्टूडेंट यूनियन के चुनाव लड़ने से पीछे हटना पड़ा। अपने छात्र जीवन में डिबेट और कविता सरीखी चीजों में भी सक्रिय रहे। हिस्ट्री ऑनर्स का पहला साल खत्म हुआ, जिसके बाद सेल्समैन की नौकरी करने लगे। दिल्ली में कैल्कुलेटर बेचा करते थे, हालांकि इस काम में ज्यादा दिन उनका दिल न लगा और वह आगे बढ़ते हुए छोटे उद्यम की ओर बढ़े। डिबेटिंग से छिट-

पुट खर्चा निकालते हुए उन्होंने भाई के साथ मिलकर प्रिंटिंग का काम चालू किया था। अपने स्कूल के दिनों में विकास दिव्यकीर्ति राजनीति में सक्रिय हो गए थे। समर्थ बाल संसद में चुनाव जीता करते थे। फिर दिल्ली विश्वविद्यालय के जाकिर हुसैन कॉलेज से स्नातक करने पहुंचे तो उस समय मंडल कमीशन को लेकर हुए आरक्षण के विरोधी आंदोलन में भी हिस्सा बने।

डॉ. विकास दिव्यकीर्ति की शिक्षा :डॉ. विकास दिव्यकीर्ति ने बीए (हिस्ट्री), एमए हिंदी, एमए सोशियोलॉजी, मास कम्युनिकेशन, एलएलबी, मैनेजमेंट आदि की पढ़ाई की। वो भी अंग्रेजी माध्यम से। जेआरएफ क्लियर किया। हिंदी में पीएचडी भी की। हालांकि ये नौवीं क्लास तक अंग्रेजी विषय में फेल हो जाया करते थे। पहले प्रयास में यूपीएससी पास करके गृह मंत्रालय की नौकरी की। कुछ समय बाद वह छोड़ डीयू के कॉलेज में पढ़ाना शुरू किया। फिर आईएएस कोचिंग संस्थान "दृष्टि" की स्थापना की। डिबेट्स के लिए अलग-अलग कॉलेजों में जाया करते थे। उसी समय इन्हें अपनी जूनियर डॉ.तरुणा वर्मा से प्यार हो गया। दोनों ने साल 1997 में शादी कर ली। डॉक्टर विकास दिव्यकीर्ति के जीवन वृतांत से यह देखने को मिलता है कि उन्होंने अपने पढ़ने और पढ़ाने के जुनून को जिंदा रखा जिसका लाभ आज यूपीससी के हजारों छात्रों को मिल रहा है| समाज के लिए यह उनका बहुत बड़ा योगदान है| सलाम है ऐसे शिक्षक को |

30

ज्योति,IAS

मिठाई बेचकर पिता करते थे घर का गुज़ारा, खुद बच्चों को ट्यूशन पढ़ा कर ये लड़की अब बनी IAS अफ़सर

जैसा कि हम सब जानते ही हैं कि यूपीएससी की परीक्षा देश की सबसे प्रतिष्ठित परीक्षाओं में से एक है| इस परीक्षा में भाग लेने के लिए हर साल लाखों लोग हिस्सा लेते हैं लेकिन बहुत कम ही लोग ऐसे हैं जिन्हें इस परीक्षा में सफलता मिल पाती है| इसके अलावा यूपीएससी में कामयाबी केवल उन्हीं अभ्यर्थियों के हाथ लगती है जो कि कड़ी मेहनत और संघर्ष करके और दिन-रात पढ़ाई करके आगे आते हैं| तो वहीं कुछ लोग ऐसे भी हैं जो दिन भर पढ़ाई करने के बावजूद भी इस परीक्षा में सफलता नसीब नहीं कर पाते हैं| हर साल इस परीक्षा में अमीर से लेकर गरीब तक सब तरह के विद्यार्थी भाग लेते आए हैं| यह एक ऐसी लड़की की संघर्ष कहानी है जिस ने साल 2017 में इस परीक्षा को पास किया था और आर्थिक तंगी से जूझते हुए सफलता का परचम लहरा दिया था|

मिठाई बेचने वाले की बेटी है ज्योति : ज्योति कुमारी ने साल 2017 में यूनियन पब्लिक सर्विस कमीशन परीक्षा यानी कि यूपीएससी में 53वां रैंक हासिल करके कामयाबी का झंडा गाड़ दिया था और अपने पूरे गांव का नाम रोशन कर दिखाया था| ज्योति बिहार के भागलपुर की

रहने वाली है| ज्योति के पिता गांव में ही मिठाई बेचने का काम करते थे और पढ़ाई के साथ-साथ ज्योति भी अपने पिता का हाथ बंटाया करती थी| पिता के साथ काम करते हुए ज्योति अपनी पढ़ाई पर भी पूरा ध्यान रखती थी| उनकी मेहनत और संघर्ष से उनको कामयाबी मिली |अब ज्योति आईएएस अफसर बनकर देश की सेवा कर रही हैं| ज्योति के अनुसार वह बचपन से ही मेडिकल सर्विसेज में जाना चाहती थी और उनका सपना डॉक्टर बनने का था| परंतु जब दसवीं में अच्छे अंक मिले तो उनका मन बदल गया और उन्होंने ठान लिया कि आगे चलकर अपने आईएएस अफसर ही बनेगी और अब आखिरकार उन्होंने अपने सपने को पूरा भी कर दिखाया है|

बच्चों को ट्यूशन पढ़ाकर बनी आईएएस : ज्योति कुमारी की आर्थिक स्थिति काफी कमजोर थी क्योंकि साल 2014 में ज्योति कुमारी अपने खर्चे चलाने के लिए बच्चों को ट्यूशन पढ़ाती थी और इसके साथ ही वह अपनी यूपीएससी की परीक्षा की भी तैयारी करती थी| साल 2014 में भी उन्होंने आईएएस की परीक्षा दी थी लेकिन उन्हें 524 वी रैंक हासिल हुई जिसके कारण उनका यह सपना अधूरा ही रह गया था| लेकिन इसके बावजूद भी उन्होंने हार नहीं मानी और जी जान लगाकर मेहनत करके फिर से साल 2017 में यूपीएससी की परीक्षा में भाग लिया और आखिरकार इस बार उन्होंने इस परीक्षा को पास करके इतिहास रच दिया| ज्योति ने साबित कर दिखाया कि सफलता प्राप्त करने के लिए यदि सच्चे मन से ठान लिया जाए तो कोई भी आपका रास्ता नहीं रोक सकता है|

31

अर्जुन,टी वी एक्टर

डायरेक्टर प्रोड्यूसर एकता कपूर के टीवी सीरियल में चपरासी, वार्ड बॉय, झाड़ू लगाने वाले का रोल भी हैंडसम लड़कों को ही मिलता था। मैं तो बिल्कुल गया गुजरा था। जो हीरो जैसा दिखता, उसको जब वार्ड बॉय का रोल मिलता, तो सोचता कि मुझे किस तरह का रोल मिलेगा।

3 हजार से ज्यादा ऑडिशन देने के बाद भी न तो किसी फिल्म और न ही सीरियल में काम मिला। मैंने बोरिया बिस्तर समेट लिया था। अपनी एक्टिंग की दुकान बंद कर ली थी, पर घर वालों ने सभी को बता दिया था कि मेरा बेटा मुंबई हीरो बनने गया है। इसलिए वापस नहीं लौट सकता था।

अंदर से पूरी तरह टूट चुका था। लग रहा था कि अब तो एक्टर बनने का सपना खत्म हो गया। खुद पर संदेह होने लगा कि वाकई में मैं एक्टिंग कर भी पाता हूं या नहीं? ये कई सालों तक चलता रहा।

2011 में फूलन देवी पर आधारित सीरियल 'फुलवा' में काम मिला। 5 हजार लोगों के ऑडिशन होने के बाद मुझे पिता का रोल मिला था। 6 साल के संघर्ष के बाद एक पिता का कैरेक्टर... अब आप इस दर्द को समझ सकते हैं। अर्जुन बौंठियाल ने 'फुलवा' सीरियल में फूलन देवी के पिता का किरदार निभाया था। फूलन देवी का रोल एक्ट्रेस जन्नत ज़ुबैर ने प्ले किया था।

एक्टर अर्जुन बौंठियाल (सुशील बौंठियाल) उर्मिला मातोंडकर की 'तिवारी' वेब सीरीज की शूटिंग के लिए भोपाल में अपनी कहानी सुनाते हुए संघर्ष के दिनों को याद करते हैं।अर्जुन बताते हैं, लोअर मिडिल क्लास फैमिली में पैदा हुआ। हमलोग उत्तराखंड के रहने वाले हैं। पापा लखनऊ में नौकरी करते थे, तो यहीं शिफ्ट हो गए। वे पहले चपरासी थे, फिर प्रमोट होकर क्लर्क बने।

स्कूल में मैं एवरेज स्टूडेंट था। 5वीं क्लास में मुझे प्रार्थना के लिए चुना गया था। उसके बाद नाटक जैसे कल्चरल प्रोग्राम में पार्टिसिपेट करने लगा। नाटक और कव्वाली करता था। मुझे याद है कि एनुअल डे के दिन लड़की का रोल प्ले किया था। जिसके बाद नाटक करने में मजा आने लगा।

12वीं में जबरदस्ती साइंस लेना पड़ा। मैं मन से एक्टर बन चुका था, लेकिन घरवालों ने मैथ्स, फिजिक्स, केमिस्ट्री में उलझा दिया। मेरे अंदर एक्टर बनने का जुनून पैदा हो गया था |

तो आपने किसी को नाटक के बारे में नहीं बताया?अर्जुन कहते हैं, मां से नाटक में जाने के बारे में बताता था, क्योंकि पापा से डरता था। लखनऊ के "मंच कृति थिएटर" में नाटक करने लगा। शुरुआत में तो 2 साल तक कोई स्टेज परफॉर्मेंस का मौका नहीं मिला। चाय-पानी पिलाने, दरी बिछाने का काम करता था।जब पापा को पता चला कि मैं नाटक करता होनन, तो खूब पिटाई हुई | उन्होंने कहा नचनिया बनोगे? पढ़ाई-लिखाई करो, अफसर बनो|

एक डेढ़ साल के बाद नाटक में नारद का एक छोटा सा रोल मिला, जिसे वहां के लोगों ने खूब पसंद किया। इधर घर वालों को दिखाने के लिए लखनऊ यूनिवर्सिटी से ग्रेजुएशन भी कर रहा था। ये बात 1997 की है।उस वक्त नाटक करने के पैसे नहीं मिलते थे। चाय-समोसे मिल गए, अखबार में थोड़ा-बहुत छप गया, बस इतना ही, लेकिन लखनऊ दूरदर्शन में नाटक के पैसे मिलते थे। यहां मुझे एक हजार रुपए मिले। जब पापा को दिया, तो उन्होंने चौंकते हुए कहा, नाटक-नौटंकी के भी पैसे मिलते हैं?

फिर NSD (नेशनल स्कूल ऑफ ड्रामा) में कैसे सिलेक्शन हुआ?अर्जुन बताते हैं, उस वक्त बहुत कम ऐसे स्टूडेंट्स होते थे, जिनका फर्स्ट अटेम्प्ट में सिलेक्शन होता था। सौभाग्य से मेरा हो गया। नहीं होता तो शायद कभी एक्टर नहीं बन पाता। पापा कहते- बहुत हो गया नाटक-नौटंकी, अब नौकरी करो।उस वक्त 'मुंगेरीलाल के हसीन सपने' शो आता था। रघुवीर यादव एक्टर थे, जिनकी हाइट कम थी। उतने अच्छे दिखते भी नहीं थे। ये सारे उदाहरण मैं मां को बताता था। उनसे पूछता था कि जब ये एक्टर बन सकते हैं, तो मैं क्यों नहीं?पापा कहते थे कि गरीबों के बच्चे एक्टर नहीं बन सकते| तुम्हारा कौन है फिल इडस्ट्री में? अमिताभ बच्चन थोड़े न हो|

NSD में सिलेक्शन तो हो गया, लेकिन एक लाख का बॉन्ड भरने के लिए पापा के पास पैसे नहीं थे। ये पैसा सरकार को देना होता है कि यदि कोई स्टूडेंट बीच में ही कोर्स छोड़ देता है, तो उसे पूरी फीस भरनी होती है।

पापा के ऑफिस के चेयरमैन को जब ये बात पता चली, तो उन्होंने पापा को समझाया। तब पापा को लगा कि हां... बेटा ने कुछ अच्छा किया है। उस चेयरमैन की बेटी का NSD में सिलेक्शन नहीं हुआ था।

NSD का कोई किस्सा?पूछते ही अर्जुन एक नाटक का जिक्र करते हैं। बताते हैं, हम लोगों ने तीसरे साल एक नाटक किया था। गुलजार साहब को इसके गीत लिखने थे। उनके आने में देरी हो रही थी।मोहन आगाशे इस नाटक के डायरेक्टर थे। उन्होंने ग्रुप के सभी स्टूडेंट्स से गाने लिखने को कहा। मैंने भी बेमन से एक गीत लिखा। नेशनल स्कूल ऑफ ड्रामा में पढ़ाई के दौरान आईने 5 गाने लिखे थे, जिन्हे गुलजार जी को लिखना था| म्यूजिक भी कम्पोज किया जिसे शान और सागरिका मुखर्जी को करना था |

NSD पासआउट होने के बाद 2002-05 तक दिल्ली में ही थिएटर करता रहा। उस वक्त नाटक में उतने पैसे नहीं मिलते थे। अब पैसों की भी जरूरत थी। इसी दौरान फरहान अख्तर की फिल्म 'लक्ष्य' को लेकर दिल्ली में ऑडिशन चल रहा था। काम तो नहीं मिला, लेकिन कुछ लोगों से कॉन्टैक्ट हुए और मैं मुंबई चला आया।

एक्टर अर्जुन उन दिनों के संघर्ष को याद करते हैं। कहते हैं, मुंबई में गरीब घर से आने वालों के लिए संघर्ष सिर्फ एक्टिंग का नहीं, रोटी-कपड़ा-मकान का भी होता है। जिसके पास किराए देने तक के पैसे नहीं हैं, वो स्पा और मसाज कहां से करवा लेगा। यहां सुंदरता का भी खेल है। मुंबई जाने के लिए टैलेंट तो होना ही चाहिए।

पैसे इतने थे नहीं कि दो वक्त का खाना खाता। दिनभर में सिर्फ एक बार दाल-चावल और अचार खाता। किसी दिन रोटी खानी है, तो खरीदकर ले आता। दो रुपए की एक रोटी मिलती थी। एक कमरे में चार-चार लड़के रहते थे। सभी एक्टर बनने की ख्वाहिश लेकर मुंबई आए हुए थे।

कोई किसी को ऑडिशन के लिए नहीं बताता था। चुपके से सभी तैयार होते थे। पूछने पर हर कोई एक-दूसरे से बहाना बनाता था, लेकिन ऐसा भी होता था कि चारों किसी एक ऑडिशन में ही मिल जाते थे। किसी को काम मिल जाता, तो किसी को नहीं...

15 साल के एक्सपीरिएंस के बाद कह सकता हूं कि एक्टर बनने के लिए टैलेंट से पहले लुक और लक का होना जरूरी है।जब 4 साल तक कोई काम नहीं मिला, तो मैं नाटक और स्क्रिप्ट राइटिंग का काम करने लगा। सोचता था कि घर वालों से लड़कर मुंबई आया था एक्टर बनने और कर क्या रहा हूं।

मिडिल क्लास फैमिली की ये भी सबसे बड़ी दिक्कत है कि कोई भी चीज हम अपने लिए नहीं करते हैं। हर बच्चा मां-बाप और उनके बनाए समाज के लिए करता है। उस पर खरा उतरने की कोशिश करता है।

विदेशों में यदि कोई बच्चा फोटोग्राफर बनना चाहता है, तो घर वालों को कोई ऐतराज नहीं होता है, लेकिन हमारे यहां घर वाले कहीं भेजने से पहले ही कहते हैं, 'सुनो कुछ करना तो ढंग का करना। सभी की तुमसे आस है।'

अर्जुन कहते हैं- ये भी दिलचस्प है कि मुंबई कोई आता है तो लोगों को लगता है कि वो एक्टर बनने के लिए नहीं, हीरो बनने के लिए गया है। यदि लड़की है, तो हीरोइन बनेगी।

मेरे गांव के लोग ताना मारते हुए पापा से कहते थे, 'इनका लड़का भी तो हीरो बनने गया है, लेकिन किसी फिल्म में दिखा नहीं अभी तक।'पापा फोन करके कहते थे, 'गांव वाले, रिश्तेदार पूछते रहते हैं कि आपका बेटा टीवी पर दिखता तो है नहीं।' मैं कहता था, हां... ऑडिशन दिया हूं। पापा कहते थे, 'अरे! इतने साल हो गए। कब दिखोगे।'

अब बताइए, कोई व्यक्ति कितना प्रेशर झेलेगा? शारीरिक संघर्ष से ज्यादा मानसिक संघर्ष हमें तोड़ता है। यदि इसको जीत गए, तभी कुछ कर सकते हैं।

स्वास्तिक प्रोडक्शन हाउस से 'फुलवा' के पिता के ऑडिशन के लिए बुलाया गया। मैंने उनसे कहा- सभी बोलते हैं कि मैं अच्छी एक्टिंग करता हूं, लेकिन कोई रोल नहीं देता। फर्स्ट राउंड, सेकेंड राउंड में ऑडिशन क्लियर हो जाता है। तीसरे राउंड में किसी और को मौका मिल जाता है। मैं नहीं आऊंगा।

ऐसा कहा जाता है कि इस रोल के लिए अनु कपूर, विजय राज, रघुवीर यादव जैसे बड़े एक्टर्स को भी अप्रोच किया गया था। 5 हजार ऑडिशन हो चुके थे। मैंने कहा, जब 5 हजार लोगों का नहीं हुआ, तो मेरा क्या होगा?

खैर... इसमें मुझे काम तो मिल गया, लेकिन पिता के रोल को लेकर मैं खुश नहीं था। हालांकि, फूलन के पिता का किरदार निभाने के बाद लोगों ने जानना शुरू कर दिया। सड़क पर निकलता, तो घेर लेते। पहली बार अपने जीवन में स्टारडम को देखा।

फिल्मों में कब ब्रेक मिला?अर्जुन कहते हैं, बतौर एक्टर नहीं, रोल के मुताबिक लोग पहचानने लगते हैं। जब मैंने पिता के रोल के लिए मना करना शुरू किया तो, काम ही मिलना बंद हो गया। 2 साल कोई काम नहीं मिला। घर की स्थिति खराब होने लगी, तो फिर से दो-तीन बड़े सीरियल्स में पिता का रोल करना पड़ा।बॉलीवुड में एक भेड़चाल है| मैं पिता के रोल में हिट हुआ, तो उसे रोल के लिए ऑफर मिलने लगे|

अर्जुन फिल्म में मिले मौके का दिलचस्प किस्सा बताते हैं। कहते हैं, इसी दौरान शाहरुख खान की एक फिल्म 'बिल्लू' आई थी। 15 दिन मेरी शूटिंग इरफान खान, राजपाल यादव, ओमपुरी जैसे एक्टर्स के साथ हुई।

4 सीन किए, लेकिन जब फिल्म रिलीज हुई, तो मैं था ही नहीं।

तब पता चला कि सीरियल में जितनी शूटिंग होती है, वो दिखा दिया जाता है, लेकिन फिल्मों में ऐसा नहीं होता है। किसी फिल्म में कोई एक्टर कितना भी सीन क्यों न कर ले, जब तक फिल्म रिलीज न हो, तब तक कोई भरोसा नहीं।

उसके बाद "गुलाब गैंग" में मुझे शर्मा जी का रोल मिला। माधुरी दीक्षित और जूही चावला ने इस फिल्म के जरिए इंडस्ट्री में कमबैक किया था। मैंने पांच सीन किए थे। पहली बार ऐसा हुआ कि सभी सीन दिखाए गए। फिर वहां से लोगों ने जानना शुरू किया। 'भारत' में सलमान खान के साथ काम करने का मौका मिला।

अर्जुन कहते हैं, इंडस्ट्री की एक और दिक्कत है। टीवी के एक्टर पर फिल्म डायरेक्टर भरोसा नहीं करते हैं, लेकिन अब काम मिलने लगा है। अक्षय कुमार की फिल्म 'सेल्फी' में काम किया हूं, जो रिलीज होने वाली है। एक्टर पंकज त्रिपाठी के साथ कागज और कागज-2 वेब सीरीज में काम किया हूं। लोग अब धीरे-धीरे मुझे स्वीकार करने लगे हैं। जो टीवी एक्टर होने का टैग लगा था, वो हट चुका है।

'द चार्जशीट', 'चाचा विधायक हैं हमारे', 'क्रैश कोर्स' जैसी वेब सीरीज में भी काम किया हूं। अभी बिहार की पृष्ठभूमि पर आधारित 'AK 47' वेब सीरीज रिलीज होने वाली है। फिलहाल उर्मिला मातोंडकर की वेब सीरीज 'तिवारी' की शूटिंग चल रही है।

अर्जुन पंकज त्रिपाठी के साथ काम करने को अपना टर्निंग पॉइंट मानते हैं। कहते हैं, फिल्मों में काम करने के दो मायने हैं। एक तो ढंग का किरदार मिले और जो सीन कर रहा हूं, उसकी वैल्यू हो।

OTT (ओवर द टॉप) के आने के बाद गाँव कस्बों से एक्टर बनाने का सपना लेकर मुंबई आने वालों को भी अब स्टारडम मिल रहा है | छोटे-छोटे एक्टर को भी मिल रहे मौके को लेकर अर्जुन कहते हैं, इंडस्ट्री में किसी का स्टारडम ब्रेक नहीं हुआ है। नए स्टार पैदा हो रहे हैं। पहले एक ही तरह की फिल्में दर्शकों के सामने परोसी जाती थीं। फिल्म बनाने का फॉर्मूला फिक्स था, लेकिन अब लोगों ने अपनी जिंदगी की कहानियां, आस-पास की चीजों को ऑन स्क्रीन देखना शुरू कर दिया है।

एक्टर अर्जुन बातचीत के अंतिम पड़ाव में बॉलीवुड की एक बड़ी खामी से भी रूबरू कराते हैं, जिसे कुछ महीने पहले एक्टर नवाजुद्दीन सिद्दीकी ने भी उठाया था। वे कहते हैं, हिंदी फिल्मों में रोमन में लिखे स्क्रिप्ट से एक्टर्स को एक्टिंग में काफी दिक्कतें होती हैं।

यदि 'तुम कहां जा रहे हो' कहना है तो लिखा होता है, 'TUM KAHAN JAA RHE HO'... यार! जब फिल्म हिंदी बना रहे हो, तो हिंदी में लिखो न? इंडस्ट्री में जिन लोगों का हिंदी से कोई वास्ता नहीं है। वो हिंदी फिल्में बना रहे हैं। शूटिंग सेट पर भी पूरी बातचीत इंग्लिश में होती है, लेकिन रीजनल सिनेमा में ऐसा नहीं है। यदि तमिल फिल्म है, तो वे लोग तमिल में ही बोलते-लिखते हैं।

32

शरद विवेक सागर,प्रशिक्षक

पहला भारतीय जो हार्वर्ड स्टूडेंट यूनियन का प्रेसिडेंट बना:12 साल की उम्र तक स्कूल नहीं गया , 16 साल में मां को खोया |

पहले की दो खबर पढ़िए...

- पटना के प्रेम कुमार को अमेरिका के एक कॉलेज ने 2.5 करोड़ रुपए की स्कॉलरशिप दी। प्रेम दलित समुदाय से आते हैं और उनके पिता दिहाड़ी मजदूर हैं। पिता कभी स्कूल नहीं गए।
- तेलंगाना की श्रेया लक्काप्रगदा को अमेरिका के एक कॉलेज ने 2.7 करोड़ रुपए की स्कॉलरशिप दी। श्रेया किसान परिवार से आती हैं। मां अपने भाई के यहां रहकर उन्हें पढ़ा रही थीं।

गरीब, सामान्य परिवार से दुनिया की टॉप यूनिवर्सिटीज में पढ़ने जा रहे ऐसे दर्जनों बच्चों के उदाहरण गूगल करने पर आपको मिल जाएंगे। अब आप सोच रहे होंगे कि ये कैसे संभव हो रहा है? दरअसल, इस तरह

के बच्चों को ट्रेनिंग देकर टॉप यूनिवर्सिटीज में स्कॉलरशिप पर दाखिला दिलवाने का काम कर रही है **'डेक्सटेरिटी ग्लोबल ग्रुप'। इसके फाउंडर और CEO हैं शरद विवेक सागर।**

कुछ दिनों पहले शरद अपनी फोटो के साथ सोशल मीडिया पर हाई स्कूल में मॉनिटर से लेकर हार्वर्ड में प्रेसिडेंट बनने तक के सफर का जिक्र किया, तो एक बार फिर से उनकी चर्चा होने लगी।

2020-21 में शरद को हार्वर्ड यूनिवर्सिटी स्टूडेंट यूनियन का प्रेसिडेंट चुना गया था। 50 से ज्यादा देशों के 1200 से अधिक स्टूडेंट्स ने शरद को वोट दिया। हार्वर्ड के इतिहास में ऐसा पहली बार हुआ जब किसी भारतीय को प्रेसिडेंट चुना गया।

शरद कहते हैं, 'बिहार से होने की वजह से कभी ताना तो नहीं सुनना पड़ा, लेकिन कई लोग कहते थे- अरे! एक बिहारी की इतनी अच्छी इंग्लिश कैसे हो सकती है? मैं उनसे कहता था- नहीं, बिहार के लोग भी अच्छी अंग्रेजी बोल सकते हैं।

शरद के नाम दर्जनों रिकॉर्ड दर्ज हैं। अमेरिका के पूर्व राष्ट्रपति बराक ओबामा से मिलने से लेकर फोर्ब्स 30 अंडर 30 और कौन बनेगा करोड़पति (KBC) में बतौर एक्सपर्ट शामिल होने तक। ये उपलब्धियां शरद ने 30 साल से कम उम्र में हासिल की हैं।

हालांकि इस सफर में शरद पर गमों का पहाड़ भी टूटा। वे बताते हैं, 16 साल की उम्र में मां को खो दिया। जब 24 साल का हुआ, तो भाई की भी मौत हो गई। वो MIT बोस्टन जाने वाले बिहार के पहले स्टूडेंट थे। उन्हें दूसरा 'रामानुजन' भी कहा जाता है।

शरद को भी लोग 21वीं सदी के 'विवेकानंद' के तौर पर जानते हैं। पूछने पर मुस्कुराते हुए कहते हैं, 'मुझे ऐसा बिल्कुल नहीं लगता है। हां... उन 100 लोगों में अपनी जगह बनाने की कोशिश कर रहा हूं, जिन्हें लेकर स्वामी विवेकानंद कहते थे कि मुझे ऐसे 100 लोग दे दो, मैं दुनिया का कायाकल्प कर दूंगा।'

शरद स्वामी विवेकानंद, रामकृष्ण परमहंस जैसे विचारकों को फॉलो करते हैं। उनके घर की दीवारों पर इन विचारकों के विचार लिखे हैं।

शरद अपनी कहानी में लौटते हैं। बताते हैं, देश के पहले राष्ट्रपति डॉ. राजेंद्र प्रसाद के गांव जीरादेई में पैदा हुआ। यह सीवान जिला में आता है। पापा स्टेट बैंक ऑफ इंडिया (SBI) की ग्रामीण शाखा में थे। गांव में उस वक्त कोई अच्छा स्कूल नहीं था, तो 12 साल की उम्र तक किसी स्कूल में एडमिशन नहीं हुआ।

मम्मी-पापा को मेरी पढ़ाई-लिखाई की चिंता होती थी, इसलिए घर पर ही न्यूजपेपर, मैगजीन आने लगा। न्यूजपेपर एक दिन पुराना होता था।

पापा की पोस्टिंग बिहार के छपरा, सीवान, मीरगंज... जैसे शहरों में होती रहती थी। जब 12 साल का था, तो मम्मी के साथ पटना शिफ्ट हो गया। इसके बाद मेरा स्कूल में एडमिशन हुआ। ये 2002-03 की बात है। उसके बाद 12वीं तक की पढ़ाई यहीं हुई। पापा हफ्ते में एक दिन मिलने के लिए पटना आते थे।

जब हाईस्कूल में था तो सोशल सब्जेक्ट्स, क्विज, डिबेट्स में काफी दिलचस्पी होने लगी। न्यूजपेपर में पढ़ता था कि कोई बच्चा विदेश पढ़ने जा रहा है, किसी ने इंटरनेशनल कॉम्पिटिशन जीता है, तो मैं सोचता था कि ये बच्चे विदेश पढ़ने कैसे गए होंगे? क्या प्रोसेस होता है? लगता था कि मैं भी इंटरनेशनल कॉम्पिटिशन के लिए जाऊं। इन सारी चीजों को मैं डायरी में लिख लेता था।

2008 का साल बीत रहा था। विदेश में पढ़ने के लिए जाने की तैयारी करने लगा। कॉम्पिटिशन्स में पार्टिसिपेट करने लगा। ज्यादातर बच्चे बड़े घरों के ही होते थे। सामान्य बच्चों को टॉप यूनिवर्सिटी, कॉलेज का नाम तक पता नहीं होता था, तैयारी करना तो दूर की बात है।

16 साल की उम्र में शरद ने 'डेक्सटेरिटी ग्लोबल ग्रुप' नाम से एक NGO की शुरुआत की थी।वो कहते हैं, सामान्य बच्चों को भी बेहतर शिक्षा मिले। इस पर काम करने लगा, लेकिन अगले साल यानी 2009 में मां का निधन हो गया। वो मुझे कहा करती थीं- देश के लिए, समाज के लिए काम करूं। यही सोचकर मैं अपने नए सफर पर निकल पड़ा। माँ की कही गई बात मेरे दिलों दिमाग में घर कर गई थी | मेरे अंदर कुछ कर गुजरने का जुनून पैदा हो गया था| बस इसी जुनून ने मुझे आगे बढ़ाया |

2012-13 में 12वीं के बाद अमेरिका के टफ्ट्स यूनिवर्सिटी से 4 करोड़ की स्कॉलरशिप मिली। वहां ग्रेजुएशन करने चला गया। 2016 में 160 साल के इतिहास में पहला इंडियन ग्रेजुएट स्पीकर बना। कह सकता हूं कि मेरी और मेरे NGO की ग्रोथ एक साथ हुई।

मुझे आज भी याद है कि जब पापा को यूनिवर्सिटी में बुलाया गया था, तो जवाब में उन्होंने कहा- मैं बिहार से ही अपने बेटे को बोलते हुए सुन लूंगा। ये भी दिलचस्प है कि मैंने 200 से ज्यादा कॉम्पिटिशन जीते हैं। 6 देशों में भारत का प्रतिनिधित्व किया है, लेकिन आज तक ऐसा नहीं हुआ कि मैं स्टेज पर हूं और पापा सामने बैठे हों।

मैं इस मामले में सौभाग्यशाली था कि घर वालों ने कभी ये नहीं कहा कि तुम डॉक्टर बनो, इंजीनियर बनो। बस इतना कहते थे कि शिक्षा से अपने समाज के लिए जो कर सकते हो, करो। विचार बड़ा होता है, तभी काम बड़ा हो सकता है। अपने काम से बड़ा कोई नहीं है। सचिन तेंदुलकर मास्टर ऑफ क्रिकेट हैं, लेकिन वो हमेशा सर्वेंट ऑफ क्रिकेट रहे हैं।

2016 का साल था। मेरा ग्रेजुएशन कम्प्लीट हो चुका था। उधर उस वक्त के अमेरिकी राष्ट्रपति बराक ओबामा का दूसरा कार्यकाल खत्म हो रहा था। उन्होंने दुनियाभर के 200 यंग लीडर्स को बुलाया था, जिसमें मैं भी एकमात्र भारतीय था। हमारी 90 मिनट की बातचीत हुई थी।

2016 में भी शरद को हार्वर्ड में एडमिशन के लिए ऑफर आया था, लेकिन ग्रेजुएशन कम्प्लीट करने के बाद वो भारत लौट आए।शरद बताते हैं, लौटने के बाद अपने NGO के लिए काम करने लगा। विदेश पढ़ने के लिए जाने का सपना भी इसीलिए था कि अच्छी चीजें सीखकर वापस देश लौट आऊं। देश के बच्चों को एजुकेट करूं।फिर 2020 में जब पूरी दुनिया कोरोना की वजह से ऑनलाइन मोड में आ गई थी, तब मैंने हार्वर्ड में एडमिशन ले लिया। 2021 में पढ़ाई पूरी करने के बाद फिर से अपने देश लौट आया हूं।

अब तक मेरे संस्थान के जरिए स्टूडेंट्स को दुनियाभर की अलग-अलग टॉप यूनिवर्सिटीज से 114 करोड़ की स्कॉलरशिप मिल चुकी है। गरीब परिवार के बच्चे भी विदेशों में जाकर पढ़ रहे हैं। हर साल 70 लाख बच्चे हमारे साथ जुड़ते हैं। हम उन्हें टॉप यूनिवर्सिटीज में एडमिशन के

लिए ट्रेंड करते हैं।

आपकी संस्था बच्चों को स्कॉलरशिप कैसे दिलवाती है?देशभर के स्टूडेंट्स के लिए एजुकेशन लेवल पर जितनी भी अपॉर्चुनिटी हैं- स्कॉलरशिप, नेशनल-इंटरनेशनल कॉम्पिटिशन, कॉन्फ्रेंस, वर्कशॉप... हर महीने के पहले रविवार को हम स्कूलों और बच्चों तक पहुंचाते हैं। बच्चों को स्टडी मटेरियल भी देते हैं।

शरद डेक्सटेरिटी से जुड़ने वाले बच्चों को अलग-अलग कॉम्पिटिशन के लिए प्रैक्टिस करवाते हैं।वो बताते हैं, इसे ऐसे समझिए कि जब एक गांव का बच्चा पहली बार इंटरनेशनल कम्पिटिशन में बैठता है, तो उसे पता नहीं होता है कि निबंध कैसे लिखना है। हम इस तरह की सभी प्रैक्टिस करवाते हैं। हर टॉपिक को 10 से 12 सवालों के साथ सॉल्व करवाते हैं। क्विज करवाते हैं। मैंने भी खुद को ऐसे ही तैयार किया है।

आप KBC में सबसे कम उम्र के एक्सपर्ट के तौर पर जा चुके हैं, कभी पार्टिसिपेंट बनने का मन नहीं हुआ?जब छपरा में था तब लोग मेरे बारे में बातें किया करते थे। कहते थे- इसे KBC में जाना चाहिए, लेकिन हमारे घर का टीवी तो 2002 से ही खराब पड़ा था। जब एक्सपर्ट के रूप में KBC जॉइन किया, तभी मैंने पहली बार ये शो देखा।

KBC से कैसे बुलावा आया?एक शाम ट्विटर पर मैसेज आया कि मुझे एक्सपर्ट के तौर पर KBC में जॉइन कराना चाहते हैं। जब शो में कनेक्ट हुआ तो एक्टर अमिताभ बच्चन ने कहा- ये शरद सागर हैं। हमेशा नीले रंग की शर्ट और ब्लैक पैंट पहनते हैं। विवेकानंद से प्रेरित हैं।

मैंने देखा कि कैसे इतनी बड़ी शख्सियत सामने वाले का सम्मान के साथ इंट्रोडक्शन करवा रही है। शायद यही बात एक इंसान को बड़ा बनाती है।

33

ट्रांसजेंडर पूजा शर्मा

ट्रांसजेंडर पूजा को मुंबई लोकल ट्रेन ने कैसे बना दिया रेखा?; कभी चलते-चलते लोग चॉकलेट देते थे और गंदी हरकतें करते थे|

हम सभी जानते हैं कि ट्रांसजेंडर इंसान को हमारा समाज आज भी एक आम इंसान नहीं समझता| बल्कि उन्हे हिकारत की नजरों से देखता है| यही पहचान का संकट उन्हे कुछ कर गुजरने को मजबूर कर देता है| और वो लग जाते हैं अपनी पहचान बनाने में| यही जुनून उन्हे जिंदा रखता है और वो साबित कर देते हैं कि वो भी एक आम इंसान हैं, उनमें भी प्रतिभा है,कला है और उनका भी दिल धड़कता है| पढिए एक ऐसी ही कहानी पूजा शर्मा की|

मैं भी तो मां के कोख से ही पैदा हुई हूं। इसी सोसाइटी ने किन्नर नाम दिया, फिर भी हमें रहने के लिए एक फ्लैट तक नहीं मिलता।गरीबी में पैदा हुई। स्कूल कभी नहीं गई। नौबत ऐसी थी कि काम करती तब खाना खाती। गांव में मिट्टी काटती थी। मछली बाजार में पॉलिथीन बेचती थी। मॉल में सेल्स का काम करती थी, लेकिन लोग बदतमीजी करते थे तो इस काम को भी छोड़ दिया।

ये कहानी कोलकाता के पॉल्स की है जो 12 साल पहले घर-परिवार छोड़कर मुंबई आ गईं थी। मुंबई में उन्हें पूजा शर्मा नाम मिला, लेकिन कुछ सालों बाद वो मुंबई लोकल ट्रेन की रेखा के नाम से मशहूर हो गईं।

कभी मुंबई में सिग्नल पर भीख मांगने वाली पूजा शर्मा अब एक्टिंग-मॉडलिंग में पहचान बना रही हैं। पूजा कहती हैं, घर छोड़ने के बाद आज तक कभी गांव नहीं लौटी। नहीं चाहती की मेरी वजह से सोसाइटी वाले परिवार को परेशान करें। मां आज भी पॉल्स ही समझती है। इसलिए सीना ढककर, मेकअप हटाकर, टोपी पहनकर उनसे वीडियो कॉल पर बात करती हूं।

पूजा अपनी कहानी बताते-बताते हांफने लगती हैं। जबान लड़खड़ाने लगती है। थोड़ा ठहरती हैं और आंखों से निकलते आंसुओं को साड़ी के कोने से पोछती हैं।कहती हैं- हर कोई गर्व करता है कि मैं लड़की हूं, लड़का हूं। मैं क्यों न खुद पर गर्व करूं? जानबूझकर तो साड़ी नहीं पहनती हूं न? किसी लड़के को एक लाख रुपए दूंगी, कोई पहनकर इधर-से-उधर कर लेगा क्या?

बॉलीवुड एक्ट्रेस रेखा के स्टाइल में पूरे गेटअप के साथ पूजा शर्मा पहले मुंबई लोकल ट्रेन में डांस कर भीख मांगा करती थी। वो कहती हैं- जब ट्रेन में चढ़ती थी तो मेरी स्टाइल, ड्रेस को देखकर महिलाओं को लगता था कि सीरियल-सिनेमा-मॉडलिंग की शूटिंग करने वाली हूं। जैसे ही बोलती थी- “दीजिए न...” सभी चौक जाते थे।

पूजा कहती हैं- बचपन से ही साड़ी पहनना, एक्ट्रेस के गेटअप में खुद को तैयार करना पसंद था। घर वालों को इससे दिक्कत थी।गांव वाले तो चलते-चलते चॉकलेट देते थे और गंदी हरकतें करने लगते थे। हमारे साथ तो कदम-कदम पर रेप होता है। मां-बाप को शर्मिंदगी झेलनी पड़ती थी। इसलिए चुपचाप घर छोड़कर मुंबई आ गई। रात होने से डर लगता था।

पूजा जब मुंबई आईं तो सिग्नल पर भीख मांगती थीं। दिनभर धूप में खड़ी रहती थीं। हरे रंग की साड़ी के पल्लू को थोड़ा सा खींचते हुए कहती हैं- धूप में पसीने से तरबतर हो जाती थी। पेट पालने के लिए दूसरों के घर बच्चा पैदा होने पर बधाई गाने-नाचने जाती थी।

उसके बाद मुंबई लोकल ट्रेनों में जाकर भीख मांगने लगी। मुंबई लोकल ट्रेन में भयंकर भीड़ रहती है। एक-दो बार गई, फिर डर गई।महिला डिब्बों में मांगना शुरू किया। किस्मत उस वक्त बदली जब मैंने शाम के 7:40 बजे महिला लोकल ट्रेन (लेडीज स्पेशल 7:40) में, जिसमें सिर्फ महिलाएं ही होती हैं, भीख मांगना शुरू किया।लेडीज स्पेशल मुंबई लोकल ट्रेन में 'रेखा स्टाइल' में डांस करती थी, जिसका किसी ने वीडियो बना लिया और वह वायरल हो गया। वहां से मुझे एक्टिंग-मॉडलिंग इंडस्ट्री में पहचान मिली।

पूजा कहती हैं- एक दिन एक्ट्रेस माधुरी दीक्षित का फोन आया। जब मुझे बताया गया तो लगा कि कोई मजाक कर रहा है, लेकिन वो हकीकत था। रियलिटी शो 'डांस दिवाने-3' के लिए बुलाया गया था।

अब लोग पूजा शर्मा को 'मुंबई की रेखा' के नाम से जानते हैं। उनके पास कई नेशनल और इंटरनेशनल फोटो शूट, वेब सीरीज के प्रोजेक्ट हैं। इस वक्त वो 'ओहो! जयपुर' फैशन ब्रांड की ब्रांड एंबेसडर हैं।

हालांकि, इतना सब कुछ होने के बावजूद भी पूजा को मुंबई में आज भी एक फ्लैट नहीं मिल पा रहा है। वो कहती हैं- लोग इज्जत तो देते हैं लेकिन बगल के फ्लैट में रहने नहीं देते। सोसाइटी में स्पेस नहीं मिल पाता है।पूजा मुंबई लोकल ट्रेनों से आज भी जब ट्रैवल करती हैं तो रेखा स्टाइल में डांस करती हैं। बस एक रुपए मांगती हैं। उनका मानना है कि इससे सभी लोगों के बीच बराबरी आती है।

बातचीत के आखिरी पड़ाव पर वो कुछ कहते-कहते रुक जाती हैं। मां-पापा से आज भी वीडियो कॉल पर बिना मेकअप के लड़का बनकर ही बात करती हूं, ताकि उनका पॉल्स उन्हें दिखे। मां कहती है- रात में भी तो घर आ जा, देख लूं। हमसे मिले हुए तुझे 12 साल से ज्यादा हो चुके हैं।पूजा को अपनी अस्मिता बनाए रखने का जुनून है और वो इसमे कामयाब है |

34

निखिल विजय,एक्टर

एक्टर निखिल विजय की परवरिश पापा ने स्कूल कैब चलाकर की, कॉलेज ने ड्रामा से निकाला; आज OTT के स्टार|

1990 से 2000 के बीच उत्तर प्रदेश, बिहार समेत कई राज्यों के लोग रोजी-रोटी की तलाश में दिल्ली पलायन कर रहे थे। पापा भी महाराष्ट्र से दिल्ली आ गए थे। हमलोग बुराड़ी की अनऑथराइज्ड कॉलोनी में रहते थे। मेरी उम्र के साथ-साथ ये इलाका भी डेवलप हुआ। पापा ने स्कूल कैब चलाकर हमारी परवरिश की। आज भी वो कैब चलाते हैं।

लोगों को लगता है कि मैं नॉर्थ इंडियन हूं, लेकिन मेरा जन्म महाराष्ट्र के भंडारा जिले में हुआ है। उस वक्त तक पूरा परिवार दिल्ली शिफ्ट हो चुका था। आप मुझे दिल्ली वाला मराठी लड़का कह सकते हैं।

ऑनलाइन स्ट्रीमिंग प्लेटफॉर्म TVF (द वायरल फीवर) में बतौर इंटर्न जॉइन करने वाले निखिल आज OTT के स्टार हैं। उन्होंने अब तक 400 से अधिक कैरेक्टर प्ले किए हैं।निखिल विजय ने फेमस वेब **सीरीज गुल्लक** का सीजन-वन लिखा है। जबकि **'हॉस्टल डेज'**, **'मैडम चीफ मिनिस्टर'** जैसी सीरीज में एक्टिंग कर सुर्खियां बटोरी हैं।गुल्लक सीजन वन को लेकर निखिल बताते हैं, 'इसके अधिकांश हिस्सों को मैंने

जिया है। आइडिया क्लियर नहीं था, पर लंबे समय से दिमाग में चल रहा था।'

निखिल विजय कहते हैं, 'OTT के बाद हम जैसे एक्टर्स को चांसेज मिलने लगे हैं। अब गांव कस्बों से आए एक्टर को भी रोल मिलना आसान हो गया है। पहले सिर्फ थिएटर था, जहां यदि आप पर्दे पर दिख रहे हैं, तभी एक्टर हैं। अब ऐसा नहीं है।'

एक्टिंग की शुरुआत को लेकर निखिल बताते हैं, 'स्कूल टाइम से ही ड्रामा में दिलचस्पी थी। नाटक में पार्टिसिपेट करता था। थिएटर कोटा के जरिए दिल्ली यूनिवर्सिटी में एडमिशन मिला। यकीन नहीं था कि एक दिन एक्टर बन जाऊंगा। अब 400 से ज्यादा कैरेक्टर प्ले करने के बाद लगता है कि मैं भी एक्टर बन सकता हूं।'

निखिल को ग्रेजुएशन के सेकंड ईयर में कॉलेज की ड्रामा सोसाइटी ने निकाल दिया था। जिसके बाद उन्हें बड़ा झटका लगा था। वे कहते हैं, कुछ गलती मेरी भी थी।वो उस टाइम का एक किस्सा बताते हैं, 'सुबह 9 बजे से 7 बजे तक कॉल सेंटर में जॉब करता था। इसके बाद अपने सीनियर्स के स्टूडियो में जाकर फिल्म मेकिंग से रिलेटेड चीजों पर वर्क करता था।'

तो कभी घर वालों ने एतराज नहीं जताया? निखिल कहते हैं, 'घर वालों को विश्वास था कि मैं अच्छा ही करूंगा। हालांकि, मम्मी-पापा के मन में दुविधा तो बनी रहती थी। 2012-15 में कॉलेज पासआउट होने और कुछ महीने मीडिया इंडस्ट्री में काम करने के बाद 2016 में बतौर स्क्रिप्ट राइटर इंटर्न TVF ज्वाइन किया था। एक रोल के लिए जिस एक्टर को आना था, वो नहीं आया तो मुझे ऑफर मिल गया। यहीं से एक्टिंग की शुरुआत हुई।'

निखिल को राइटिंग से ज्यादा एक्टिंग पसंद है। वे बताते हैं, स्क्रिप्ट राइटिंग एग्जाम लिखने जैसा है। वहीं, एक्टिंग दोस्तों के साथ क्रिकेट खेलने जैसा।

आप मुंबई कब गए? निखिल कहते हैं, 'TVF ज्वाइन करने के डेढ़ साल बाद 2017 के दिसंबर में मुंबई शिफ्ट हो गया। हाथ में पहले से काम था, इसलिए ज्यादा स्ट्रगल नहीं करनी पड़ी। काम को लेकर कभी

इंतजार तो नहीं करना पड़ा, लेकिन कुछ महीनों के लिए कोई काम नहीं था, तो फिर से जॉब करने लगा था।'

निखिल अब सिर्फ बतौर एक्टर परफॉर्म करना चाहते हैं। वे कहते हैं, 'इंडस्ट्री में खुद को एक्टर बनाए रखना सबसे बड़ी चुनौती है। यहां बतौर हीरो के लिए सुंदरता की भी एक परिभाषा है। हालांकि, हम उस दौर में हैं, जहां लोग जेब में सिनेमा बनाने की क्षमता लेकर चल रहे हैं। सभी के पास स्मार्टफोन है।'

फिल्म इंडस्ट्री की चुनौती को लेकर निखिल बताते हैं, "एक्टर होना कोई रॉकेट साइंस तो नहीं है, लेकिन मेहनत का काम है। किसी दूसरी इंडस्ट्री में रिजेक्शन बहुत कम मिलता है, लेकिन यहां हर रोज कई बार रिजेक्ट होना पड़ता है। यदि कोई महीने में तीन ऑडिशन दे रहा है, तो जरूरी नहीं है कि उसे कोई एक भी काम मिल जाए ।आप के अंदर कुछ कर गुजरने का जुनून होना चाहिए| आप का जुनून आप को जिंदा रखता है| तभी आप इस इंडस्ट्री में अपनी पहचान बना सकते हैं|"

निखिल अब TVF छोड़ चुके हैं। वे बॉलीवुड में काम करने की कोशिश कर रहे हैं। हालांकि, अब तक निखिल ने दो बॉलीवुड फिल्मों में काम भी किया है।निखिल कहते हैं, 'एक ही तरह के फिक्स कैरेक्टर के ज्यादातर रोल ऑफर होते हैं, जिससे मैं बचना चाहता हूं। फिल्म इंडस्ट्री में काम मिलना सिर्फ टेलेंट और मेहनत पर ही निर्भर नहीं करता है। इसके लिए और भी फैक्टर्स होते दरअसल, बॉलीवुड में किसी हीरो के सुंदर, हैंडसम दिखने की डिमांड है, ये पहले से भी चला आ रहा है। हर व्यक्ति सिनेमा हॉल में एक्टिंग देखने के लिए नहीं आता है। हालांकि, OTT के बाद स्टारवादी एक्टर्स की कैटेगरी में भी हम जैसे एक्टर एक्टिंग कर रहे हैं।

35

ट्रांसजेंडर नव्या सिंह

दोस्तों ने पहचान बताने के लिए यौन शोषण किया, मुंबई में मिला नव्या सिंह नाम; अब एक्टिंग में मचा रहीं धमाल

जिस तरह से हर लड़का या लड़की अपने परिवार में पैदा होते हैं। मैंने भी एक सरदार सिख परिवार में लड़के के रूप में जन्म लिया था। मैं परिवार की पहली संतान थी। जब मैं बड़ी होने लगी तो मुझे इस बात का अनुभव होना शुरू हुआ कि मुझ में कुछ तो कमी है। आवाज से लेकर शरीर की बनावट और चाल-ढाल लड़कियों जैसी थी।

जब सड़क पर चलती थी तो आस-पड़ोस के लोग छक्का कहकर चिढ़ाते थे। स्कूल में दोस्त मेरे साथ बदतमीजी करते थे। बैग को यहां से वहां रख देते थे। यहां तक की मेरे दोस्तों ने मेरी पहचान न बताने के लिए मेरा यौन शोषण किया।हालांकि, मेरे कुछ अच्छे दोस्त भी बनें। शिक्षकों का हमेशा सपोर्ट रहा, लेकिन मुझे 12 साल की उम्र में ये महसूस हो गया था कि मैं जो दिखती हूं, मेरी आत्मा वो नहीं है। कुछ कमी है।

32 साल की नव्या सिंह बिहार के कटिहार में एक सरदार सिख फैमिली में पैदा हुईं थी। जब उन्होंने जन्म लिया था तो एक लड़के के तौर पर उन्हें जाना गया। परिवार वालों ने नाम रखा परमिंदर सिंह। नव्या जब अपनी मां के साथ मार्केट या किसी पब्लिक प्लेस पर जाती थीं तो

उन्हें शर्मिंदगी का सामना करना पड़ता था। लोग पीछे से कहते थे, देखो हिजड़ा जा रहा है। वह इग्नोर करके आगे बढ़ती थी, लेकिन उन्हें भीतर-ही-भीतर घुटन महसूस होने लगी थी।

वो कहती हैं, जब मैं यौवनावस्था की दहलीज पर पहुंची और ये चीजें धीरे-धीरे सामने आने लगी तो परिवार का प्यार भी कम होता चला गया। पापा पर एक दबाव था कि मुझे घर में रखना है या नहीं, कुछ लोग कहते थे किन्नर उठाकर ले जाएंगे।नव्या कहती हैं, मुझे भी समझ में नहीं आ रहा था कि मैं क्या करूं। मैंने मां से कहा, मैं जेंडर चेंज करवाना चाहती हूं।

नव्या कहती हैं, उस वक्त गांव में न तो इंटरनेट की सुविधा थी और न ही हर हाथ में मोबाइल फोन। डिजिटल मीडिया जैसा भी कुछ नहीं था। उन्होंने कहा, जब मुझे ये लगने लगा कि मैं वो नहीं हूं जो सोसाइटी देख रही है, तो मैंने अपनी मां से इस बारे में चर्चा की। शुरूआत में वो चौंक गईं। पापा थोड़े सख्त मिजाज के रहे हैं।

बात साल 2003-04 की है। मुझे भी समझ में नहीं आ रहा था कि मैं क्या करूं। 14 साल की हो चुकी थी। एक दिन शाम को मां रोटी बना रही थी। मैंने कहा, मां जो जीवन मैं जी रही हूं उसमें मैं कंफर्टेबल नहीं हूं। मैं लड़की बनना चाहती हूं। क्या मुझे आगे चलकर सेक्स चेंज करवाना चाहिए।मां ने कहा, बातें करना आसान है, लेकिन इसे लागू करना उतना ही मुश्किल। नव्या कहती हैं, जद्दोजहद में 5 साल बीत गए। 2009-10 में मैं 18 साल की थी। मैं मुंबई अपनी मौसी के घर आ गई।**यहां से परविंदर सिंह से नव्या सिंह बनने का सफर शुरू हुआ।**

नव्या ने पहली बार 2016 में लैक्मे के फैशन शो में पार्टिसिपेट किया था। अभी तक वो सावधान इंडिया समेत कई सीरियल में भी काम कर चुकी हैं।नव्या की पढ़ाई-लिखाई कटिहार से ही हुई है। वह जब मुंबई से कटिहार जेंडर चेंज करवाने के बाद गईं तो उन्हें देख लोग चौक गए। देखने वालों की कतार लग गई। क्योंकि, अब परमिंदर, नव्या हो चुकी थी।

नव्या कहती हैं, अब वो जब गांव जाती हैं तो लोग उन्हें एक सेलिब्रिटी के तौर पर देखते हैं। उनसे मिलने के लिए आते हैं। नव्या की

क्लोज फ्रेंड माही गुप्ता हैं। उन्होंने बताया, माही भी ट्रांस जेंडर वुमन हैं। हम दोनों ने साथ में अपनी जर्नी शुरू की थी।

हिजड़ा शब्द के मायने बताते हुए नव्या कहती हैं। यह हम ट्रांस महिलाओं को एक गाली की तरह दिया जाता है, लेकिन इसका मतलब अलग है। हिज्र मतलब कोई इंसान यात्रा कर आ रहा है। खुद को खोज रहा है।नव्या जब छोटी थी तो गांव में लोग उन्हें हिजड़ा-छक्का कहकर बुलाते थे। मुंबई आकर नव्या ने अपना जेंडर चेंज करवाया।

नव्या ट्रांस कम्युनिटी के साथ-साथ किन्नर समुदाय की भी सदस्य हैं। वो कहती हैं, हमारा आज का ये समाज नॉर्मल लड़का-लड़की को भी नहीं छोड़ता है। वहीं, ट्रांस समुदाय अब अपने पैरों पर खड़ा हो रहा है। किन्नर अखाड़ा की समेत कई लोग मिलकर इस पर काम कर रहे हैं।वो कहती हैं, लोगों की एक अवधारणा बन चुकी थी कि यदि कोई ट्रांस है तो सेक्स वर्कर होगी। सड़क पर भीख मांगती होगी, लेकिन अब चीजें बदल चुकी हैं।

नव्या को बचपन से मॉडलिंग का शौक था। वो कहती हैं, मैं सीरियल काफी देखा करती थी। फैशन में भी काफी दिलचस्पी थी। जब ट्रांजिशन हुआ और मैं मुंबई आ गई तो मुझे बड़े फैशन शोज में जाने का मौका मिलने लगा।नव्या को बचपन से मॉडलिंग का शौक था। वे कई मैगजीन्स के कवर पर भी आ चुकी हैं।

पहली बार 2016 में मैंने लैक्मे के फैशन शो में पार्टिसिपेट किया। ऐसा इंडिया में पहली बार हुआ था जब लैक्मे फैशन शो में ट्रांस महिलाओं ने वॉक किया था। इसके बाद मुझे लगा कि मैं अपना करियर मॉडलिंग, एक्टिंग में बना सकती हूं।

नव्या कई मैगजीन्स के कवर पर आ चुकी हैं। उन्होंने सावधान इंडिया शो में भी काम किया है। वो कहती हैं कि इसके बाद उन्होंने कभी पीछे मुड़कर नहीं देखा। वहीं, नव्या का एक गाना 'तोड़े बिना' भी रिलीज हुआ है। साथ ही नव्या अभी मुंबई में कुछ फिल्मों को लेकर भी काम कर रही हैं। नव्या अभी सिंगल हैं। सवाल पूछने पर वो मुस्कुराते हुए कहती हैं, अभी करियर पर ध्यान दे रही हूं।

नव्या चाहती हैं कि उन्हें बॉलीवुड में लीड कैरेक्टर करने को मिले। उन्होंने कहा, बॉलीवुड में ट्रांस जेंडर महिलाओं का रोल हम ट्रांस मॉडल-एक्टर को मिलना चाहिए। यदि हमें इसमें काम नहीं मिलेगा तो हम कहां जाएंगे। किस रोल को करेंगे। वो लगातार इसके खिलाफ आवाज उठा रही हैं।

नव्या कहती हैं कि यदि वो कटिहार से मुंबई नहीं आई होतीं। खुद को पहचाना नहीं होता तो शायद वो भी आज वैसी ही होती जैसी अमूमन ट्रेनों में, रेड लाइट पर ट्रांस महिलाएं भीख मांगती हुई दिखती हैं। सेक्स वर्कर के तौर पर जानी जाती हैं। वो कहती हैं, जो काम आज भी कई ट्रांस महिलाएं कर रही हैं, अगर मैं यह काम कर रही होती तो सुसाइड कर लेती।

हालांकि, नव्या का कहना है कि आर्टिकल 377 पर सुप्रीम कोर्ट के फैसले के बाद बहुत कुछ बदला है। उन्हें लगातार अपनी बातों को रखने और खुलकर मुख्यधारा में आने का मौका मिल रहा है। वो कहती हैं, जब कोई परिवार लड़का, लड़की स्वीकार कर सकता है तो एक ट्रांस बच्चे क्यों नहीं ?

36

आनंद कुमार,सुपर 30

मां पापड़ बनाती, मैं पटना की गलियों में बेचता; स्लम के 2 बच्चों से 'रामानुजन कोचिंग' शुरू किया|

1993-94 का साल था। कैम्ब्रिज यूनिवर्सिटी में एडमिशन के लिए ऑफर आया था। मेरे जाने की तैयारी चल रही थी। मां खुश थी कि बेटा कैम्ब्रिज जाएगा, लेकिन हमारे पास हवाई जहाज के टिकट तक के पैसे नहीं थे।

इस वजह से पिताजी थोड़ी टेंशन में थे। एक रोज रात में हम लोग खाना खाने के बाद सोने जा रहे थे, तभी अचानक पिताजी की सांस फंसने की आवाज आई। रात के 11 बज रहे थे। हम लोग दौड़ते हुए उनके पास गए, लेकिन तब तक शायद उनकी मौत हो चुकी थी।

हम लोगों को लगा कि वो बेहोश हैं। बरसात का महीना था। घर के चारों तरफ घुटनेभर पानी जमा था। कहीं आने-जाने का साधन नहीं। एक पड़ोसी का ठेला लेकर पिताजी को पटना हॉस्पिटल ले गए। वहां डॉक्टर ने देखते ही मृत घोषित कर दिया।

एक तरफ कैम्ब्रिज जाने का सपना टूटा, दूसरी तरफ पिताजी का इस तरह से अचानक गुजर जाना... लगा अब तो सब कुछ खत्म हो गया।

'सुपर 30' के फाउंडर आनंद कुमार आज भी अपने उन दिनों की बातों को याद करते हुए ठहर जाते हैं।आनंद कुमार फिर थोड़ा संभलते हुए कहते हैं, 'पिताजी हमेशा कहते थे- समझौता से बेहतर संघर्ष होता है। कभी समझौता नहीं करना।'

आनंद अपने बचपन के दिनों में लौटते हैं। बताते हैं- मेरा जन्म एक ऐसे परिवार में हुआ, जहां गरीबी थी। रेलवे ट्रैक के किनारे छोटा-सा किराए का मकान था। पिताजी डाक विभाग में कर्मचारी थे, लेकिन तनख्वाह इतनी नहीं थी कि हमें अच्छे स्कूल में पढ़ा पाएं। दूसरी क्लास तक की पढ़ाई एक प्राइवेट स्कूल में हुई।हमारे पास स्कूल जाने के लिए अच्छे कपड़े नहीं थे। स्कूल के बच्चे टेरीकॉट का कपड़ा पहनते थे। मैं कॉटन कपड़ा। उन दिनों कॉटन कपड़ा सबसे सस्ता माना जाता था।सभी स्टूडेंट एल्युमिनियम का बना थैला लेकर आते थे, जबकि मैं टिन का बना थैला लेकर जाता था। हमें हमेशा लगता था कि पैसा होने पर ही पढ़ाई अच्छे से की जा सकती है, लेकिन पिताजी कहते थे, 'पढ़ाई पैसे से नहीं, मेहनत से होती है।'

आनंद कहते हैं- दूसरी क्लास के बाद सरकारी स्कूल में पढ़ाई करने लगा। मेरे घर के सामने एक नाला था और उस पार एक सरदार जी का घर। उनके बच्चों को पढ़ाने के लिए टीचर कई दिनों से नहीं आ रहे थे, तो मुझे पढ़ाने के लिए कहा गया। मैं उस वक्त छठी क्लास में था। तभी से एक-दो बच्चों को पढ़ाने लगा।

जब 10वीं पास किया, तो सारे दोस्त दिल्ली जा रहे थे, लेकिन मेरे पास पैसे नहीं थे कि किसी बड़े शहर में रहकर पढ़ाई करूं। इंटर पास करने के बाद पटना यूनिवर्सिटी से ग्रेजुएशन में दाखिला ले लिया।इसी दौरान मैंने मैथ्स के कुछ फॉर्मूले और थ्योरी को ईजाद किया, जो कैम्ब्रिज यूनिवर्सिटी के मैथमेटिक्स जर्नल में छपा और मुझे कैम्ब्रिज से एडमिशन के लिए ऑफर आया, लेकिन अचानक से पिताजी की मृत्यु के बाद सब कुछ खत्म हो गया।

आनंद उन दिनों के संघर्ष को फिर से ताजा करते हैं। कहते हैं- लोगों ने कहना शुरू किया कि पिता की जगह अनुकंपा (सरकारी नौकरी के दौरान किसी व्यक्ति की मौत होने पर उसके किसी एक आश्रित को दी जाने वाली नौकरी) पर जॉइन कर लो।मां पढ़ी-लिखी नहीं थीं कि वो नौकरी कर सकें। भाई (प्रणव कुमार) नाबालिग था। भाई उन दिनों BHU में वॉयलिन सीख रहा था। घर खर्च की जिम्मेदारी मुझ पर आ गई। भाई भी पटना आ गया।

मां ने पापड़ बनाने का काम शुरू किया। हम दोनों भाई दिन में पढ़ते थे और शाम को 'आनंद पापड़' ले लो... 'आनंद पापड़' ले लो... पटना की सड़कों, गलियों में घूम-घूम कर पापड़ बेचते थे। ये सिलसिला करीब 4 साल तक चलता रहा।

1998-99 का साल बीत रहा था। एक दिन भाई ने कहा, 'कब तक ऐसे पापड़ बेचते रहेंगे। बच्चों को पढ़ाना शुरू कीजिए।'आनंद कुमार ने शुरुआत स्लम के दो बच्चों को पढ़ाने से की।धीरे-धीरे बच्चे बढ़ने लगे। तीन साल में 600 बच्चे हो गए। इस तरह से 'रामानुजन स्कूल ऑफ मैथमेटिक्स' की शुरुआत हुई।

'फिर सुपर-30' की शुरुआत कैसे की ?आनंद आशान्वित नजरों से कहते हैं- कोचिंग में कई ऐसे टैलेंटेड बच्चे बहुत ही गरीब परिवार से आते थे, जो IIT जैसे एग्जाम क्रैक करना चाहते थे, लेकिन उनके पास खाने तक के पैसे नहीं होते थे।

हमें लगा कि यदि इन बच्चों को अच्छे तरीके से पढ़ाया जाए, तो ये भी अपनी लाइफ में बेहतर कर सकते हैं। 2002 में 'सुपर 30' की शुरुआत की। 'रामानुजन कोचिंग' से जो पैसा आता था, वह 'सुपर 30' में सिलेक्ट होने वाले बच्चों की पढ़ाई पर खर्च होता था।

बच्चे फ्री ऑफ कॉस्ट हमारे घर पर रखकर पढ़ाई करने लगे। मां इन बच्चों के लिए खाना बनाती थी। भाई बच्चों की देखरेख करता था।

अपने पहले बैच को याद करते हुए आनंद कुछ दिलचस्प बातें बताते हैं। कहते हैं- हमें लगा था कि 30 बच्चों में से कम-से-कम 5 बच्चे तो IIT क्रैक कर ही लेंगे, लेकिन पहले साल ही 30 में से 18 बच्चों ने IIT क्रैक कर लिया। फिर ये कारवां चल पड़ा।

आनंद कहते हैं- 2008 में तो गजब हो गया। 30 में 30 बच्चों ने IIT एग्जाम क्वालिफाई किया। अभी तक हमारे 500 से ज्यादा बच्चे IIT क्रैक कर चुके हैं।

आनंद कहते हैं, उन दिनों पैसे नहीं थे, तो टिन के घर में कोचिंग चलती थी।बाद में मेरी लाइफ के ऊपर एक किताब लिखी गई। जिसके बाद बॉलीवुड इंडस्ट्री के कई लोगों ने मेरे बायोपिक पर फिल्म बनाने के लिए एप्रोच करना शुरू किया। 'सुपर-30' फिल्म के डायरेक्टर विकास बहल से 2016-17 में मुलाकात हुई थी। जिसके बाद फिल्म बननी शुरू हुई।

वो कहते हैं- जब ऋतिक रोशन को खुद के कैरेक्टर के लिए चुना तो लोगों ने कहा कि तुमने तो बहुत बड़ी भूल कर दी। अंग्रेज जैसा दिखने वाला हीरो गांव-देहात वाले 'आनंद कुमार' का रोल प्ले करेगा? लेकिन देखिए फिल्म कितनी शानदार बनी। लोगों ने खूब पसंद की।

आनंद कहते हैं कि अब सुपर-30 का विस्तार करने की तैयारी चल रही है। इसमें बच्चों की संख्या बढ़ाने और अन्य राज्यों में भी ब्रांच खोलने को लेकर काम हो रहा है।

आनंद कुमार आखिर में अपने तीन छात्रों की कहानी भी शेयर करते हैं। बताते हैं...

- 2009-10 का साल था। धर्मपाल यादव नाम के एक लड़के के पिता कोलकाता में ट्रक ड्राइवर थे। धर्मपाल ने जब IIT क्वालीफाई करने के बाद अपने पापा को फोन किया, तो उसके पापा ने कहा, 'क्या... ITI पास किए हो।' दरअसल, उन्हें यकीन ही नहीं हुआ कि उनका बेटा IIT क्वालीफाई कर गया है।
- एक लड़का धनंजय है। वो इतनी गरीबी से जूझ रहा था कि उसके पास खाने तक के पैसे नहीं थे। मां किराने की एक छोटी सी दुकान चलाती थीं। एंट्रेंस टेस्ट देने के लिए वो बस के पीछे लटक कर पटना आया था और आज एक मल्टीनेशनल कंपनी में काम कर रहा है।
- नालंदा का एक लड़का प्रेम पाल है, जिसका अपना घर नहीं था। लोगों ने उसका घर उखाड़ दिया था। उसका परिवार प्लास्टिक के घर में

रहता था। आज वो इसरो में साइंटिस्ट है।

37

कर्मयोगिनी

बाइक और मोबाइल रिपेयरिंग करती हैं आदिवासी लड़कियां:लड़के ताने मारते थे तुम्हारे हाथ बेलन-चूड़ी सजेगा; राष्ट्रपति कर चुके हैं सम्मानित|

“मर्दों को लगता है कि लड़कियों के हाथ सिर्फ चूड़ियां पहनने, मेहंदी लगाने, चूल्हा-चौका करने और चौखट के भीतर दो वक्त की रोटियां बेलने के लिए ही हैं। हम अब इस सोच को तोड़ रहे हैं, चुनौती दे रहे हैं।”

मध्य प्रदेश के खंडवा जिले के खालवा ब्लॉक की रहने वाली कोरकू आदिवासी समुदाय की गायत्री और मंटू ये बातें कह रही हैं। सांवली खेड़ा गांव की गायत्री कासडे और काला आम खुर्द की मंटू कासीर मोटर साइकिल रिपेयरिंग का गैराज चलाती हैं।

यह इलाका खंडवा से करीब 50 किलोमीटर दूर है। इस ब्लॉक में 145 आदिवासी गांव हैं। जंगल और पहाड़ के बीच उपजाऊ जमीनें। खेतों में चना, बाजरा, गेहूं की फसल, लेकिन गांव गरीबी की चादर ओढ़े है।

सुबह के करीब 10 बज रहे हैं। गायत्री और मंटू अपनी गैराज पर हैं। मेहंदी लगे हाथों में चूड़ियां खनक रही हैं और दोनों प्लास, पेचकस, रिंच जैसे औजार के साथ एक मोटर साइकिल के नट-बोल्ट खोलने में लगी हैं।मंटू और गायत्री मोटर साइकिल की सर्विसिंग करती हैं।

गायत्री पहिए के रिंग पर जैसे ही हथौड़ा मारती हैं, मानो आत्मविश्वास के साथ कहना चाह रही हों, देखो जिस काम को मर्द करते हैं, उसे हम भी कर सकते हैं।बातचीत का सिलसिला आगे बढ़ता है। गायत्री कहती हैं, जब हमने गैराज खोला तो गांव के लोगों ने कहना शुरू किया, 'लड़कियों के हाथ में बेलन ही अच्छे लगते हैं। चली हो गैराज खोलने, गाड़ी के नट-बोल्ट तो खोल नहीं पाओगी। नकली मैकेनिक।'

इसके बावजूद दोनों ने ठान लिया था कि हमें कुछ तो नया करना है।इतने में मंटू सर्विसिंग के काम को थोड़ा विराम देते हुए बोल पड़ती हैं- जब लड़कियां हवाई-जहाज उड़ा सकती हैं, ट्रेन चला सकती हैं, घर चला सकती हैं, बच्चों को पाल सकती हैं, बड़ी-बड़ी कंपनियों में काम कर सकती हैं, तो फिर हम अपने गांव में गैराज क्यों नहीं चला सकते हैं?

अब हम अपने पैरों पर खड़े हैं। हमारे परिवार को किसी पर आश्रित नहीं होना पड़ रहा है। कहीं पलायन भी नहीं करना पड़ रहा है।ये बातें सुनकर पलायन का दंश गायत्री की आंखों को नम कर देता है। वो बोल पड़ती हैं- हम लोग आदिवासी परिवार से आते हैं। हर कोई मजदूरी करने के लिए बरसों तक घर से दूर रहता है। दूसरे राज्यों में कम दिहाड़ी पर मजदूरी करनी पड़ती है। मालिक बंधक भी बना लेता है।

सबसे ज्यादा तकलीफ तो हम लड़कियों को रहने, नहाने में होती है। एक तो मर्दों के बीच रहना पड़ता है। और दूसरा, वो पर्दा नहीं होता है यानी कोई बाथरूम नहीं जहां हम नहा भी पाएं।कपड़े पहने हुए ही खुले में नहाना और फिर कमरे में जाकर चादर की आड़ में कपड़े बदलना। एक दिन की बात हो, तो बर्दाश्त की जा सकती है, लेकिन महीने-छह महीने कौन सह सकता है?

गायत्री अपने बाल को सहेजते हुए कहती हैं- शहर से दूर होने की वजह से हमारे इलाके के घरों में दो वक्त का खाना हो न हो, लेकिन बाइक हर घर में जरूर है।

वो पूछती हैं- आप शहर होते हुए आए हैं न? बाइक का थोक में जमावड़ा दिखा ही होगा।गायत्री सच ही कह रही हैं। वाकई में, जब खंडवा से खालवा आदिवासी इलाके की तरफ रुख करें तो , सब्जी मंडी की तरह बाइक के शो रूम दिखाई देते हैं । सड़क किनारे कुछ-कुछ दूरी पर अलग-

अलग कंपनियों के शो रूम मौजूद हैं। दूरियों की वजह से यहां के लोग कहीं आने-जाने के लिए बाइक पर ही निर्भर हैं।

गायत्री अपने पलायन की पीड़ा को कहते-कहते रुक जाती हैं।इतने में मंटू बोल पड़ती हैं, मुझे तो दूसरे राज्यों में काम करने के लिए नहीं जाना पड़ा, लेकिन शहर के ही बड़े-बाबूओं के यहां शोषण का शिकार हुई। हर रोज 14-14 घंटे काम करना पड़ता था। मजदूरी मांगने पर बोला जाता-कल ले लेना, आज नहीं है। ऐसा हर दिन ही होता। लॉकडाउन में जब हम लड़कियां गांव लौटे, तब कुछ ने गैराज खोलने का फैसला किया तो कुछ ने मोबाइल रिपयेरिंग और पशु सखी (बकरियों का इलाज करना) का काम।

गायत्री के पिता शिवराम कास्ते हैं, जो मोटर साइकिल लिए गैराज पर आ जाते हैं।वो हल्की मुस्कान के साथ ठसक आवाज में बोलते हैं, लोग तो ताने मार सकते हैं, लेकिन हमारे घर तो नहीं चला सकते हैं न? बेटियां काम करके ही पैसे कमा रही हैं न, चोरी तो नहीं कर रहीं, डाका तो नहीं डाल रहीं।

हम लोगों ने सालों तक दूसरे राज्यों में रहकर दिहाड़ी-मजदूरी की है। आज भी हमारे गांव के दर्जनों लोग पलायन कर रहे हैं।

गायत्री और मंटू मोटर साइकिल की सर्विसिंग में व्यस्त हो जाती हैं और अब अगला पड़ाव है जामधड़, यहां से करीब 16 किलोमीटर दूर।रास्ते में सैकड़ों झोपड़ीनुमा घर और बकरियों-मवेशियों के झुंड। इस इलाके में शेड्यूल कास्ट परिवार सबसे ज्यादा रहते हैं।

साकिया और सती बरधाया दोनों बहने हैं। एक BA कर रही है, जबकि दूसरी MA । दोनों बहनों को भी मोटर साइकिल रिपेयरिंग का काम आता है। सती कहती हैं, पढ़ाई करने के लिए गांव से शहर जाना पड़ता है। इसलिए अधिकांश लड़कियों की शादी कम उम्र में ही हो जाती है।

हम पढ़ाई के साथ-साथ ब्यूटी-पार्लर, श्रृंगार शॉप और रिपेयरिंग का भी काम करते हैं। गांव में इतनी सुविधाएं नहीं हैं कि लड़कियां सज-संवर सकें, लोग मोटर साइकिल में कोई खराबी होने पर बनवा सकें।

गांव में रोजगार के साधन नहीं हैं, तो लोगों को शहरों या दूसरे जिलों-राज्यों में दिहाड़ी करने के लिए जाना पड़ता है। आमदनी के लिए हम लोग सबसे ज्यादा बकरी पालन करते हैं, क्योंकि इसमें खर्च कम आता है। गांव में 500 से ज्यादा बकरियां हैं।

सती की बहन साकिया आसमानी ब्लू रंग की साड़ी पहनी हुई हैं। वो गांव में किसी के यहां बकरी का इलाज करने के लिए जा रही हैं। बताती हैं, पहले हम लोग भी मनरेगा में काम करते थे। सिर पर टोकरी लादकर भरी दोपहरी में कोसों चलना पड़ता था। कम पैसों में मजदूरी करती थी।अब मैं पशु सखी हूं। गांव में किसी की बकरी बीमार पड़ती है, तो लोग मुझे बुलाने के लिए आते हैं। हमें 'गॉट ट्रस्ट' संस्था से ट्रेनिंग का सर्टिफिकेट मिला हुआ है।

गांव के लड़कों को हमारे काम से परेशानी भी होती है। वो कहते हैं, 'अरे! लड़की होकर गांव में दूसरों के दरवाजे पर घूमती है। शर्म नहीं आती, कोई शादी भी नहीं करेगा।'साकिया बातचीत के बाद बकरी के इलाज के लिए गांव में निकल जाती है

इधर सती एक लड़की को सजाने-संवारने में जुट जाती हैं और मैं यहां से 22 किलोमीटर दूर मामाडोह गांव की तरफ निकल पड़ता हूं।गोंड आदिवासी समुदाय की अंकिता अमीन उइके अपनी दुकान पर मोबाइल रिपेयरिंग और साइकिल बनाने का काम कर रही हैं।

वो कहती हैं, लॉकडाउन की वजह से पढ़ाई छूट गई। मैंने दो महीने पहले ये काम शुरू किया है। अब घर के हालात भी अच्छे हो रहे हैं और मैं पढ़ भी रही हूं। घर वालों को पैसों के लिए किसी बाबू-भइया के सामने हाथ नहीं फैलाना पड़ता है।

इन बातों को घर के बरामदे में बैठे अंकिता के पिता सुनकर मुस्कुराने लगते हैं। ये मुस्कुराहट तसल्ली भरी दिखाई देती है। अंकिता को एक दिन पहले कोई मोबाइल बनाने के लिए दे गया है। वो इसकी रिपेयरिंग करने में व्यस्त हो जाती हैं।अंकिता मोबाइल रिपेयरिंग का काम करती हैं। साथ में वो श्रृंगार का सामान भी बेचती हैं।

अंकिता से बातचीत के बाद अब मेरा आखिरी पड़ाव होता है यहां से 50 किलोमीटर दूर मेहलू गांव।रास्ते हिमाचल की तरह दिखाई पड़ते

हैं। दोनों तरफ सिर्फ सागवान के पेड़। ऊंचे-ऊंचे पहाड़। गांव पहुंचने पर हमारी मुलाकात मोनू उइके से होती है, ये पेट्रोल बेचने का काम करती हैं। उम्र 18 साल, लेकिन बिजनेस की जबरदस्त समझ।रास्ते में जब मैं जा रहा था, तो 100 किलोमीटर के रेंज में मात्र एक पेट्रोल पंप दिखाई दिया। मोनू के यहां पहुंचने पर उधर से एक मोटर साइकिल वाला पेट्रोल खत्म हो जाने की वजह से मोटर साइकिल को धक्का देते हुए मोनू की दुकान तक ला रहा है।

मोनू कहती हैं, इलाके में लोगों के पास बड़ी संख्या में मोटर साइकिल तो है, लेकिन पेट्रोल भरवाने के साधन नहीं। लोगों को गैलन में पेट्रोल भरकर रखना पड़ता है। इसलिए हमने ये काम शुरू किया है। जरूरत पड़ने पर रिपेयरिंग का काम भी कर लेती हूं। अब इलाके के लोग हमसे आकर खुदरा में पेट्रोल भी खरीद रहे हैं और मोटर साइकिल के किसी पार्ट में खराबी होने पर उसे बनवाते भी हैं।

अब तक मैं करीब 200 किलोमीटर की यात्रा कर चुका हूं। सुबह से शाम हो गई है। खंडवा की तरफ लौटना पड़ता है। हमारे साथ खालवा ब्लॉक में अलग-अलग सामाजिक मुद्दों पर काम करने वाली संस्था 'स्पंदन' की डायरेक्टर सीमा प्रकाश हैं, जिन्होंने इन लड़कियों से मिलवाने में मदद की।

इसी NGO ने लॉकडाउन के बाद लौटी लड़कियों को मोबाइल और मोटर साइकिल रिपेयरिंग की ट्रेनिंग दी है। लड़कियों को पलायन करने से रोका है। सीमा कहती हैं, आदिवासी लोगों के पास रोजगार और पढ़ाई का कोई साधन नहीं हैं। लड़कियों को भी दूसरे राज्यों में जाकर काम करना पड़ता है। भूखा पेट क्या नहीं करवाता...इसलिए हम लोग जब अलग-अलग गांव का दौरा कर रहे थे, तो इन लड़कियों की तकलीफ देख इन्हें ट्रेनिंग देने का फैसला किया।सीमा प्रकाश को 2015 में तत्कालीन राष्ट्रपति प्रणब मुखर्जी ने रानी लक्ष्मीबाई 2014 अवॉर्ड से नवाजा था।

फिर मोबाइल और मोटर साइकिल रिपेयरिंग की ट्रेनिंग ही क्यों?अब ये मेरा सवाल था।

सीमा तल्ख आवाज में कहती हैं, क्या लड़कियां सिर्फ सिलाई और ब्यूटी पार्लर का ही काम कर सकती हैं? हमने इसी सोच को बदलने की

कोशिश की है। इन लड़कियों ने मोबाइल रिपेयरिंग और मोटर साइकिल रिपेयरिंग की ही ट्रेनिंग लेने की इच्छा जताई, तो फिर हम इनके मनोबल को कैसे तोड़ सकते थे।

'स्पंदन' पिछले 25 साल से TATA के सपोर्ट से मध्य प्रदेश के कई जिलों में आदिवासी, पिछड़े तबकों के लिए काम कर रही है।अंत में मैं इन लड़कियों की एक बात को अपने साथ लेकर खंडवा से भोपाल के लिए लौट जाता हूं। सभी ने यही कहा, **"एक बार हम लड़कियों पर भरोसा करके तो देखो, हम सब कुछ कर सकते हैं! हम कर्मयोगिनी हैं।"**

38

वाजिद खान, कलाकार

बंदूक की गोली से पेंटिंग बनाई, कीमत 2.5 करोड़:5वीं फेल हूं, 10 साल मजदूरी की; आज मेरे नाम 37 वर्ल्ड रिकॉर्ड हैं|

मैंने बंदूक की गोलियों से महात्मा गांधी की तस्वीर बनाई है। कार के इंजन के पार्ट्स से घोड़ा बनाया है। भ्रूण हत्या में इस्तेमाल होने वाले मेडिकल डिवाइस से रोते हुए बच्चे की तस्वीर बनाई है। कील से धीरूभाई अंबानी, नेल्सन मंडेला, जीसस क्राइस्ट, मदर मैरी जैसी दर्जनों तस्वीरें बनाई हैं।

मेरे स्टूडियो में पेंट, ब्रश, पेंसिल, कैनवास के बदले हथौड़े, कील, वायर, लोहे की रॉड, लोहा काटने की मशीन, गैराज का सामान, चला हुआ कारतूस मिलता है।

मैं 5वीं फेल वाजिद खान, मध्यप्रदेश के मंदसौर का रहने वाला हूं। अब बसेरा इंदौर में है। देश का पहला नेल आर्टिस्ट यानी कील से तस्वीरें बनाने वाला कारीगर हूं। मेरे लिए दुनिया की कोई भी चीज वेस्ट नहीं। जो लोगों के लिए वेस्ट, वो मेरे लिए बेस्ट है।

मेरे एक हाथ में हथौड़ा है और टेबल पर कील से बनी हुई मशहूर श्रीलंकन आर्टिस्ट जाफरी बाबा की तस्वीर है।

अपनी कहानी में आगे बढ़ने से पहले मैं आपको दो वाकये बताना चाहता हूं-

- कुछ साल पहले की बात है। केरल में मेरी आर्ट को लेकर 15 मिनट की एक वर्कशॉप थी, जो एक घंटे तक चली। आखिर में जब मैंने स्टूडेंट्स से पूछा कि उनका कोई सवाल है, तो एक ने उठकर कहा- मुझे हिंदी नहीं आती है। मैं शॉक्ड रह गया। बाद में पता चला कि उस हॉल में किसी को भी हिंदी नहीं आ रही थी। स्टूडेंट्स को लग रहा था कि मैं कोई जादू बताने वाला हूं।

- इसी तरह से मुझे एक सेमिनार में बुलाया गया था। मैं सामने हॉल में बैठा था, स्टेज पर किसी दूसरे को इंग्लिश में एड्रेस करते हुए बुलाया जा रहा था। मैं समझा कि मुझे बुलाया जा रहा है। मेरे स्टेज पर जाते ही सभी लोग ठहाके लगाने लगे। फिर मैंने माइक लेकर कहा- कम पढ़े-लिखे होने का नुकसान है कि मैं स्टेज पर आ गया और कम-पढ़े लिखे होने का फायदा है कि आज मैं स्टेज पर हूं।

इससे आप मेरी पढ़ाई-लिखाई और कामयाबी- दोनों का अंदाजा लगा सकते हैं। जमींदार फैमिली से ताल्लुक रखता हूं, लेकिन मुझे कुछ अपना करना था, खुद की तलाश थी।उस वक्त 5वीं क्लास में बोर्ड के एग्जाम होते थे, मैं फेल हो गया। हकलाता था, इसलिए भी पढ़ाई छोड़ दी। हकलाने की वजह से स्कूल के बच्चे मेरा मजाक उड़ाते थे।मैंने स्कूल जाना बंद किया, तो पापा ने कहा- पढ़ोगे नहीं तो क्या करोगे, लेकिन मुझे एजुकेट नहीं लिट्रेट होना था। 13 साल की उम्र में पागलों की भांति घर से निकल पड़ा।

मंदसौर की कई दुकानों में करीब 10 साल तक मजदूरी की, वेल्डिंग की दुकान पर ट्रैक्टर की ट्रॉली बनाता। सरिया को गर्म कर मोटे हथौड़े से पीटता। 4 साल तक मैंने यह काम किया। 11 किलोमीटर पैदल चलकर काम करने जाता था।शुरुआती एक-डेढ़ साल कोई पैसे ही नहीं मिलते थे। बाद में 30 रुपए महीना मिलने लगा, इससे ऑटो का किराया निकल

जाता था।

1995 की बात है। श्मशान घाट में लोहे की शेड बनानी थी। उस वक्त गांव-कस्बों में बिजली नहीं आती थी, लेकिन रातभर में शेड तैयार करना था। एक तरफ लाश जल रही थी, दूसरी तरफ मैं अपने मालिक के साथ जलती चिता की रोशनी से शेड बना रहा था। रात में वहीं पर खाना भी खाया और सोया भी।

एक रोज मेरे अंकल को लगा कि ना तो मैं पढ़ पाया और ना ही कोई ढंग का काम कर रहा हूं। उन्होंने मेरी खूब पिटाई की, अपने दोस्त के यहां लाकर छोड़ दिया। उन्होंने अपने दोस्त से कहा- जिंदगी में ये कुछ नहीं कर सकता है। इसके हाथ-पैर तोड़ देना, लेकिन इंसान बना देना।

चाचा के दोस्त की मोटर वाइंडिंग की दुकान थी, मैंने 3 साल तक यहां काम किया। दिन के 14-14 घंटे काम करता था, लेकिन पैसे नहीं मिलते थे।उसके बाद ऑटो चलाने लगा। उस वक्त मर्सिडीज कंपनी ऑटो टाइप का टेम्पो बनाती थी। 17-18 किलोमीटर तक सवारी ढोने पर 2 रुपए मिलते थे। फिर पुराने कपड़े खरीदकर फुटपाथ पर बेचने लगा। इसी में से अपने लिए भी पहनने के कपड़े रख लेता था।

हकलाने की वजह से मैं कई बार डिमोटिवेट भी हुआ, लेकिन मैंने कई तरह की एक्सरसाइज करके अपनी पर्सनालिटी में सुधार लाया।

मैं 1300 रुपए लेकर इंदौर आ गया, आज की तरह उस वक्त इंदौर इतना डेवलप नहीं था। खाने के पैसे नहीं थे, बहुत दिनों तक बासी रोटियां खानी पड़ती थीं। होटल वाला फ्री में भी दे देता था। फिर एक होटल मालिक के बकरों की चौकीदारी करता और उसी होटल में खाना भी मिल जाता।

इसी दौरान एक दिन मैं सोचने लगा कि अपना क्या कर रहा हूं। कौन-सी पहचान बना रहा हूं? क्या इसी के लिए घर से बगावत कर निकला था।

2001 का साल बीत रहा था। शहर के एक स्कूल में गैजेट बनाने का काम करने लगा। IIM के एक प्रोफेसर स्कूल में आए हुए थे, उन्होंने मुझे देखते ही कहा- तुम्हें आर्टिस्ट बनना चाहिए।उसके बाद मैंने कई आर्ट गैलरीज में जाकर पेंटिंग देखी। वडोदरा म्यूजियम में मार्बल का आर्ट

देखा, तब लगा कि इस फील्ड में तो पहले से सैकड़ों लोग काम कर रहे हैं। मैं नया क्या करूंगा? मेरे जेहन में एक बात आई कि उसी आइडिया पर काम करो, जो पास में हो। मैं गांव आया हुआ था, घर पर फर्नीचर का काम चल रहा था। मैंने वहां से कीलें चुरा लीं और उससे तस्वीर बनाने लगा।

इस तस्वीर को बनाने में 4 साल लग गए। मैंने कील से आर्ट बनाना खुद से सीखा, कह सकता हूं कहीं-न-कहीं गॉड गिफ्टेड है। इस आर्ट को मार्केट में लॉन्च करने में 3 साल लग गए। यानी पहले आर्ट को मार्केट में लाने में 7 साल लगे।मैंने कार के इंजन पार्ट से घोड़ा बनाया है।

जब आर्ट एग्जीबिशन में लोगों ने मेरे बनाई तस्वीर को देखा, तो सभी दंग रह गए। 20 लाख रुपए में इसकी नीलामी हुई, तब लगा कि अब मैं कुछ तो नया कर सकता हूं। मार्केट में नई पहचान मिल गई। उसी आर्ट ने मुझे वाजिद खान आर्टिस्ट बना दिया, लेकिन घर वाले फिर भी खुश नहीं थे।

मुझे याद है- पापा को कील से बना एक आर्ट दिखाया था। उन्होंने आर्ट देखकर कहा- बहुत बकवास है। मैं बहुत रोया, कुछ महीने बाद पापा ने बताया- यदि उस दिन मैं तुम्हारी तारीफ कर देता तो तुम आज वाजिद खान आर्टिस्ट नहीं, वाजिद खान कील वाले होते।

मैंने पत्थर के छोटे-छोटे टुकड़ों से कई महान हस्तियों की तस्वीरें बनाई हैं। भ्रूण हत्या के लिए जिन-जिन मेडिकल डिवाइसेज का इस्तेमाल होता है, उससे रोती हुई बच्ची की तस्वीर बनाई है। मैं अलग-अलग सेगमेंट में अब इतना काम कर चुका हूं कि दुनिया की कोई भी चीज मुझे वेस्ट नहीं लगती।

मैं न स्केचिंग नहीं करता हूं और न ही मार्किंग करता हूं, डायरेक्ट तस्वीर बनाता हूं। यदि एक कील गलत जगह पर ठोक दी तो पूरी तस्वीर खराब हो जाती है।

मेरा नाम लिम्का बुक ऑफ रिकॉर्ड समेत 37 वर्ल्ड रिकॉर्ड में दर्ज है। स्विट्जरलैंड, स्कॉटलैंड, नीदरलैंड, तुर्की, उज्बेकिस्तान, कजाकिस्तान, फ्रांस समेत 40 से ज्यादा देशों में मैंने लेक्चर्स लिए हैं, वर्कशॉप ऑर्गेनाइज किए हैं।

मैं चाहता हूं कि मरने के बाद भी मेरी आर्ट जिंदा रहे। इसलिए आज एक वाजिद खान, सौ वाजिद खान पैदा कर रहा है। गरीब बच्चों को फ्री में वर्कशॉप देता हूं, वहीं जो संस्थान बच्चों से पैसे लेते हैं उनसे मैं भी पैसे लेता हूं। एक वर्कशॉप की फीस एक लाख रुपए होती है।

देश के राष्ट्रपति भवन में साइकिल की चेन और कबाड़ से बनी राष्ट्रपति भवन की तस्वीर लगी है। मैंने सलमान खान, धीरूभाई अंबानी समेत सैकड़ों हस्तियों की कील से तस्वीर बनाई है। अलग-अलग देशों में मेरे आर्ट लगे हुए हैं। एक आर्ट की कीमत ढाई करोड़ रुपए तक की है। अब मैं काइनेटिक आर्ट पर वर्क कर रहा हूं , जो कटोरियों से बना हुआ है।

आज महीने में मुझे दर्जनों तोहफे मिलते हैं, ठहरने के लिए फ्री में होटल मिलता है। कपड़े वगैरह सब स्पॉन्सर होते हैं, लेकिन कभी मेरी जिंदगी फुटपाथ पर गुजरी है, पुराने कपड़े खरीदकर पहने हैं। होटल का बासी खाना खाया है। हालांकि मैं उस दौर को बुरा नहीं मानता, क्योंकि जिनके दोनों हाथ-पैर नहीं होते, वो भी इतिहास रचते हैं, फिर मैं तो फिर भी स्वस्थ इंसान हूं।

मैं एक किताब लिखना चाहता हूं नेक्स्ट जेनरेशन के लिए, ताकि उन्हें पता चले कि मुझमें ऐसी कौन-सी बात थी, जिसकी वजह से इतनी मुसीबतों के बाद भी मैं यहां तक पहुंचा।हालांकि आज भी मेरे गांव के लोग मुझे पागल कहते हैं, लेकिन मुझे पता है कि पागल लोग ही इतिहास रचते हैं।

39

गणेश,कैदी

सांसद की हत्या में उम्रकैद की सजा काट रहे पूर्व माओवादी का कमाल, जेल में रहकर हासिल की तीसरी मास्टर डिग्री

गणेश को 1995 में तत्कालीन ओंगोल सांसद मगुंटा सुब्बारामी रेड्डी की हत्या के लिए आजीवन कारावास की सजा मिली थी| जेल में जाकर वह पूरी तरह बदल गए| उन्होंने वहां रहकर मनोविज्ञान में एमएससी की उपाधि ली, इसके बाद समाजशास्त्र और राजनीति विज्ञान में मास्टर डिग्री हासिल की|

आपने महर्षि वाल्मीकि के बारे में तो पढ़ा ही होगा| महर्षि वाल्मीकि पहले एक डाकू थे, लूटपाट करके अपने परिवार का पालन पोषण करते थे| एक दिन उनकी जिंदगी में कुछ ऐसा हुआ कि उन्होंने यह काम छोड़ दिया और भक्ति के मार्ग पर चल निकले| आगे जाकर उन्होंने रामायण लिखी| महर्षि वाल्मीकि की कहानी त्रेता युग की है, लेकिन कलियुग में भी समय-समय पर ऐसी कहानियां सुनने को मिलती रहती हैं| कुछ ऐसी ही कहानी है हैदराबाद के पीबीवी गणेश की| उन्होंने महर्षि वाल्मीकि की तरह रामायण तो नहीं लिखी, लेकिन उनकी तरह अपने जीवन में परिवर्तन जरूर लेकर आए हैं| 54 साल के पीबीवी गणेश ने जेल में रहते हुए अपनी तीसरी मास्टर डिग्री हाल ही में पूरी की है| चलिए आपको

विस्तार से बताते हैं क्या है पूरा मामला|

आजीवन कारावास की काट रहे हैं सजा: 54 साल के पीबीवी गणेश को हैदराबाद में डॉ. बीआर आंबेडकर मुक्त विश्वविद्यालय के 24वें दीक्षांत समारोह में उनकी तीसरी मास्टर डिग्री दी गई| इसी के साथ उनके अतीत के किताब के पन्ने भी खुलने लगे| एक समय था जब वह माओवादी थे और उनके हाथों में कलम की जगह हथियार हुआ करते थे| वह गुरिल्ला युद्ध में शामिल थे और ओंगोल में एक सांसद की हत्या के आरोप में उन्हें पकड़ा गया था| इसके बाद उन्हें आजीवन कारावास की सजा सुनाई गई| जेल में आने के बाद उनकी जिंदगी में बड़ा बदलाव आया और जिन हाथों में वो हथियार पकड़ते थे, उनमें उन्होंने कलम पकड़ ली| माओवाद से अब तक का उनका सफर दूसरे कैदियों के लिए मिसाल बन गया है|

1995 में की थी सांसद की हत्या : पीबीवी गणेश को जब यह डिग्री दी जा रही थी, तब वह चेरलापल्ली जेल के उन 14 कैदियों में शामिल थे, जिन्होंने अपनी मास्टर डिग्री हासिल की| गणेश को 1995 में तत्कालीन ओंगोल सांसद मगुंटा सुब्बारामी रेड्डी की हत्या के लिए आजीवन कारावास की सजा सुनाई गई थी, लेकिन जेल में जाकर वह पूरी तरह बदल गए| उन्होंने वहां रहकर मनोविज्ञान में एमएससी की उपाधि ली, इसके बाद समाजशास्त्र और राजनीति विज्ञान में मास्टर डिग्री हासिल की|

मनोविज्ञान में डॉक्टरेट करने के सपना:दीक्षांत समारोह में अपनी पत्नी के साथ शामिल हुए गणेश ने कहा, 'मैं बस अपने परिवार के साथ रहना चाहता हूं| अगर मैं इस साल मुक्त हुआ, तो मैं राजनीति विज्ञान (Political Science) या मनोविज्ञान (Psychology) में डॉक्टरेट की पढ़ाई करूंगा| यही मेरा सपना है| जब गणेश ने सांसद की हत्या की, तब वह सिर्फ 27 साल के थे और फिजिक्स में ग्रेजुएट थे|

एक और कैदी ने खींचा सबका ध्यान

चेरलापल्ली जेल से मास्टर डिग्री हासिल करने वाले एक और कैदी ने सबका ध्यान खींचा. समारोह में गणेश के साथ 38 वर्षीय आमेर मोहम्मद जमाल को भी मास्टर डिग्री मिली| जमाल को भी उम्रकैद की

सजा मिली हुई है| जमाल ने बताया कि यह मेरे परिवार के लिए गर्व का दिन है| अगर मेरे पिता जिंदा होते, तो वह बहुत खुश होते| मेरा सपना है कि मैं अपनी पीएचडी की पढ़ाई पूरी करूं|

तेजी से बढ़ रहा जेल में पढ़ाई का चलन :इस खास मौके पर प्रोफेसर बीना चिंतलपुरी ने बताया कि यह पहली बार है जब हमने तेलंगाना में जेल के कैदियों को एमएससी (मनोविज्ञान) की पेशकश की है| 2018 में जेल महानिदेशक वीके सिंह ने एक पूरी तरह से संचालित मनोविज्ञान लैब की स्थापना की थी जहां जेल में प्रयोग और शोध किए गए|

40

सुशीला देवी,जूडो खिलाड़ी

सुशीला देवी : चोटिल होने के बाद वो जिस खेल से दूर होना चाहती थीं, उसी में देश के लिए सिल्वर मेडल ले आईं|

कॉमनवेल्थ गेम्स में भारत को अब तक 9 मेडल मिल चुके हैं| उनमें जूडो खिलाड़ी सुशीला देवी ने 48 किलोग्राम वेट कैटेगरी में सिल्वर मेडल जीतकर इतिहास रच दिया| हालांकि वो गोल्ड जीतने में नाकाम रहीं| फ़ाइनल मुकाबले में दक्षिण अफ्रीका खिलाड़ी मिचेला व्हाइटबोई से हार का सामना करना पड़ा, लेकिन बावजूद इसके उन्होंने भारत की झोली में मेडल डालकर देशवासियों का दिल जीत लिया|

महज आठ साल में शुरू कर दी थी ट्रेनिंग :इससे पहले साल 2014 में सुशीला ने ग्लास्गो कॉमनवेल्थ के दौरान भी सिल्वर पदक जीता था| यह उनका दूसरा पदक है| लेकिन इसके लिए उन्हें काफी लंबा इंतज़ार करना पड़ा|सुशीला देवी मणिपुर की रहने वाली हैं| साल 1995 में जन्मी सुशीला ने महज 8 साल की उम्र में जूडो की ट्रेनिंग शुरू कर दी थी| उनके चाचा खुद इंटरनेशनल खिलाड़ी रह चुके हैं| वहीं इनके बड़े भाई ने दो बार जूडो में गोल्ड जीता है, जो बीएसएफ में कार्यरत हैं| सुशीला देवी को खुद

साल 2017 में मणिपुर पुलिस की नौकरी मिली थी| वो इंस्पेक्टर के पद पर कार्यरत हैं| मणिपुर की इस महिला दरोगा ने बर्मिंघम में होने वाले कॉमनवेल्थ गेम्स में कमाल कर दिया|

फिलहाल, सुशीला देवी ने आज जो मुकाम हासिल किया है उसके लिए उन्हें बहुत संघर्ष करना पड़ा| कई परेशानियों का सामना करते हुए वो हालात से लड़ती रहीं| वो अपनी चोट के की वजह से काफी समय तक जूझती रहीं| एक समय ऐसा भी आ गया जब उन्होंने खेल से दूर होने का फैसला कर लिया| मीडिया रिपोर्ट्स के मुताबिक, साल 2018 में हैमस्ट्रिंग की चोट से सुशीला जूझ रही थीं| उन्हें 7 महीने तक खेल से दूर रहना पड़ा|

जब खेल से दूर होना चाहती थीं सुशीला: आगे एशियन गेम्स के ट्रायल में नहीं चुने जाने के कारण सुशीला अंदर से टूट गईं| उन्हें लगा कि उनका करियर अब खत्म हो गया| वो एशियन खेलों के जरिए ओलंपिक की तैयारी करना चाहती थीं| लेकिन किस्मत इनसे रूठ गई थी| सुशीला ने कुछ माह का ब्रेक ले लिया और घर वापस आ गईं| खेल से दूर होना चाहती थीं| बुलंद हौसले के साथ 3 माह के बाद वापसी की| हांगकांग ओपन में लगातार दो बार सिल्वर मेडल जीता| उन्होंने शानदार वापसी की थी| लेकिन परेशानियों का सिलसिला थमने का नाम नहीं ले रहा था|

खेल में बने रहने के लिए कार बेचनी पड़ी :आगे सुशीला को ओलंपिक की तैयारी करनी थी| मगर इसके लिए होने वाले खर्च को लेकर सुशीला परेशान थीं| आख़िरकार उन्हें खेल में बने रहने के लिए अपनी कार बेचनी पड़ी| वो टोक्यो ओलंपिक में क्वालीफाई करने में कामयाब रही थीं| लेकिन मेडल अपने नाम करने में नाकाम रहीं| इसके बाद कॉमनवेल्थ गेम्स 2022 में सुशीला आठ साल के सूखे को खत्म करके सिल्वर मेडल हासिल कर देश का नाम रौशन कर दिया| उन्होंने संघर्ष और परेशानियों का सामना करते हुए कामयाबी हासिल की है| वो दूसरों के लिए प्रेरणादायक है|

41

निरीश राजपूत,IAS

निरीश राजपूत : गरीब पिता का बेटा, खर्चे के लिए अखबार बेचे, उधार के नोट्स से पढ़ाई की और पहले ही प्रयास में IAS बन गया|

इंसान अगर ठान ले तो कुछ भी असंभव नहीं| कुछ जुनूनी लोग होते हैं जो कठिन से कठिन परिस्थितियों को महज़ एक बहाना साबित कर कामयाबी हासिल कर लेते हैं| संघ लोक सेवा आयोग की सिविल सर्विसेज परीक्षा (UPSC Civil Services Exams) में हर साल देश के कई युवा अपना भाग्य आजमाते हैं| इनमें हर किसी ने जीवन के अलग अलग रंग देखे होते हैं लेकिन इनमें कामयाबी उन्हीं को मिलती है जो अपनी परेशानियों का बहाना बनाने की बजाए मेहनत करते हैं| ऐसे ही चंद जुनूनी लोगों में एक नाम आता है मध्यप्रदेश के रहने वाले निरीश राजपूत का| चलिए आज जानते हैं निरीश राजपूत की कहानी, जिन्होंने गरीबी और तंगी से लड़कर कामयाबी हासिल की और IAS अफ़सर बन गए|

गरीब परिवार में हुआ जन्म :मूलरूप से मध्य प्रदेश के रहने वाले निरीश राजपूत का जन्म बेहद ही गरीब परिवार में हुआ| उनके पिता परिवार का पेट भरने के लिए टेलर का काम करते थे तथा उनके दोनों बड़े

भाई अध्यापक हैं| परिवार भले ही गरीब था लेकिन निरीश को आईएएस बनाने के लिए उन्होंने कोई कसर नहीं छोड़ी| यहां तक कि, दोनों भाइयों और पिता ने उनकी पढ़ाई में अपनी पूरी कमाई लगा दी| एक एक इंटरव्यू के दौरान निरीश ने ये बताया था कि यूपीएससी की तैयारी करने से पहले उन्हें इसके बारे में इतनी ही जानकारी थी कि आईएएस बनने के बाद उनकी जिंदगी बदल सकती है|

दोस्त ने दिया धोखा :निरीश ने कभी भी घर के खराब हालातों का असर अपनी पढ़ाई पर नहीं पड़ने दिया| उन्होंने बीएससी और एमएससी दोनों में टॉप किया था| पढ़ाई में अच्छे होने के कारण निरीश के एक दोस्त ने उन्हें अपनी नई कोचिंग में यूपीएससी की तैयारी करने वाले छात्रों को पढ़ाने का काम दिया| उनके दोस्त ने उनसे वादा किया कि वह इसके बदले उन्हें स्टडी मैटेरियल देंगे|

निरीश ने अपने जीवन के 2 साल अपने दोस्त की संस्था को दिए, अपनी मेहनत से इसे तरक्की की राह पर आगे बढ़ाया लेकिन बदले में उन्हें अपने दोस्त से धोखा मिला| कामयाब होने के बाद उनके दोस्त ने उन्हें वहां से निकाल दिया|

धोखे से मिला सबक :इसके बाद उनकी पढ़ाई का जरिया बंद हो गया| उनके पास फीस भरने के तक के पैसे नहीं थे| ऐसे में उन्होंने अखबार बेचने का फैसला किया| निरीश ने इस कठिन परिस्थिति से हार मानने की बजाए घर-घर जा कर अखबार बांटी और फीस के पैसे जुटाए|

दोस्त के धोखे ने निरीश के मन पर इतनी गहरी चोट पहुंचाई कि वह दो साल तक कुछ भी नहीं कर पाए| इसके बाद उन्होंने खुद को संभाला और दोस्त के धोखे से सबक लेते हुए दिल्ली जाने का फैसला किया| दिल्ली पहुंच कर उन्होंने यूपीएससी परीक्षा की तैयारी कर रहे अपने एक दोस्त से नोट्स उधार लिए और खुद भी परीक्षा की तैयारी करने लगे|

जी तोड़ मेहनत की :दिल्ली आने के बाद निरीश के साथ पैसों की समस्या और बढ़ गई| उनके पास कोचिंग जॉइन करने के भी रुपये नहीं थे| लेकिन निरीश ने हर बार की तरह समस्या पर रोने की बजाए इसका निवारण खोजा और पढ़ाई के साथ साथ पार्ट टाइम जॉब करने लगे| इसके साथ ही उन्होंने बिना किसी कोचिंग के यूपीएससी परीक्षा की

तैयारी शुरू कर दी|

तैयारी के दौरान प्रतिदिन करीब 18 घंटे पढ़ाई करने वाले निरीश पहले तीन प्रयासों में असफल रहे लेकिन वह मेहनत करते रहे| अंत में उनकी मेहनत रंग लाई और उन्होंने बिना कोचिंग के यूपीएससी की परीक्षा में ऑल इंडिया 370वां रैंक प्राप्त किया|

42

दि राइटर्स कम्यूनिटी

बिहार का लड़का, पढ़ते-पढ़ते आया Idea, दोस्त का साथ मिला तो 21 साल की उम्र में खड़ी कर दी कंपनी|

आज के समय में पढ़ाई खत्म करने के बाद युवाओं की ख्वाहिश अच्छी जॉब और मोटी सैलरी हासिल कर लग्जरियस लाइफ जीने की होती है| रिस्क लेकर कुछ नया करने की हिम्मत कम लोगों में ही होती है| ऐसे दौर में एक ऐसा भी युवा है जिसने अपने करियर के लिए न सिर्फ एक अलग लीक बनाई बल्कि कोरोना काल में सैकड़ों युवाओं के लिए एक उम्मीद बनकर उभरा| यह कहानी 22 साल के अंकित देव अर्पण की है, जोकि अपने जैसे युवाओं के लिए रोजगार के अवसर बनाने में जुटा है और अपने इलाके के लिए प्रेरणास्रोत बन गया है|

अंकित किस तरह अपने जीवन की बाधाओं को पार करते हुए सफलता की सीढ़ियां चढ़ें और कैसे उन्होंनेकोरोना काल में युवाओं को रोजगार दिलाने में मदद की? पढिए उनकी कहानी

13 सितंबर 1999 को जन्मे अंकित बातचीत की शुरुआत करते हुए बताते हैं कि वो मूलत: बिहार के चंपारण से आते हैं| पिता संजीव दुबे और माता विमल देवी ने बचपन से ही उनकी पढ़ाई पर ध्यान दिया| फलस्वरूप वो बिना किसी रुकावट के स्कूल जाने में सफल रहे| 5वीं तक

की उनकी पढ़ाई स्थानीय स्कूलों से ही हुई| इसके बाद उनका चयन जिले के जवाहर नवोदय विद्यालय में हो गया|

उन्होंने 10वीं तक की पढ़ाई जवाहर नवोदय विद्यालय, वृंदावन से की और आगे 12वीं तक की पढ़ाई उन्होंने जवाहर नवोदय विद्यालय, समस्तीपुर से पूरी की| नवोदय से निकलने के बाद अंकित ने आई.एम.एस नोएडा में दाखिला लिया और स्नातक की अपनी पढ़ाई शुरू कर दी|

कॉलेज में फ्रीलांसरों की समस्या को गहराई से समझा :अंकित बताते हैं कि पढ़ाई के दौरान उनके अंदर आत्मनिर्भर बनने की इच्छा पनपी| वो अपना खर्च खुद उठाना चाहते थे| चूंकि, उनकी रुचि लिखने-पढ़ने में थी| इसलिए उन्होंने तय किया कि वो फ्रीलांस राइटिंग करेंगे| आगे उन्होंने ऐसा किया भी| इंटरनेट के माध्यम से वो काम पाने में सफल भी रहे लेकिन उनका अनुभव बहुत अच्छा नहीं रहा| उन्हें काम तो मिला, मगर काम के बदले पैसे नहीं मिले| पैसे मिले भी तो वो बेहद कम थे| आगे उन्होंने इसके पीछे के कारणों को जानना शुरू किया| अपनी रिसर्च में उन्होंने पाया कि वो अकेले नहीं थे जो फ्रीलांस के नाम पर ठगी का शिकार हुए थे| देश भर में उनके जैसे तमाम युवा फ्रीलांसर्स थे जिनकी स्थिति उनके जैसी ही थी|

दोस्त का साथ मिला तो 21 की उम्र में खड़ी कर दी कंपनी :बकौल अंकित एक दिन पढ़ते-पढ़ते उन्होंने तय किया कि वो फ्रीलांसर्स की समस्या के हल के लिए कुछ करेंगे| इसकी चर्चा उन्होंने अपनी दोस्त शान्या दास से की| आगे दोस्त का साथ मिला तो उन्होंने 21 की उम्र में अपनी खुद की खड़ी कर दी और उसका नाम रखा 'दि राइटर्स कम्युनिटी'|

कोरोना काल में उन्होंने इसके जरिए घर बैठे-बैठे लोगों को जोड़ने का काम किया| शुरुआत में तमाम तरह की मुसीबतें आईं लेकिन अंकित ने अपनी दोस्त शान्या के साथ मिलकर अपनी कोशिश जारी रखी|

धीरे-धीरे उनकी मेहनत रंग लाने लगी और लोग उनसे जुड़ने लगे| अंकित के मुताबिक मौजूदा समय में 'द राइटर्स कम्युनिटी' फ्रीलांसरों के लिए एक ऐसा मंच बन चुका है, जहां उन्हें फ्री प्रशिक्षण और लेखन

से संबंधित काम मिल रहा है| Unacademy, Byjus, Pariksha Adda और Embibe, जैसी तमाम कंपनियों में उनकी मदद से फ्रीलांसर्स अपनी सेवाएं दे रहे हैं और आर्थिक लाभ ले रहे हैं|

400 से अधिक युवाओं के लिए रोजगार के अवसर दिए :अंकित का दावा है कि वो अब तक 400 से अधिक युवाओं के लिए रोजगार के अवसर प्रदान कर चुके हैं| उनके जरिए फ्रीलांसर्स को स्क्रिप्ट राइटिंग, रिव्यु राइटिंग, वीडियो एडिटिंग जैसे कई काम करने को मिल रहे हैं| वो छात्रों के प्रशिक्षण पर ज्यादा जोर दे रही है| परिणाम स्वरूप विभिन्न कॉलेजों के छात्र इंटर्न के रूप में जुड़ रहे हैं|

अंकित 'ग्लोबी अवार्ड्स' के छठे वार्षिक व्यापार उत्कृष्टता पुरस्कार की सूची में घर बैठे काम करने की व्यवस्था के कुशल कार्यान्वयन हेतु 'सिल्वर ग्लोबी अवार्ड' से सम्मानित किए जा चुके हैं| अंकित अपने पुराने वक्त को याद करते हुए बताते हैं कि एक समय था, जब उन्हें कोई नहीं पहचानता था| मगर आज पूरा इलाका उन्हें पहचानता है| सोशल मीडिया पर कई युवाओं ने उन्हें अपना मेंटर बना लिया है|

लेखक की रचनाएं

1. BORDERMAN
2. सीमा प्रहरी
3. आवारा
4. कमीने दोस्त
5. संगिनी
6. काबिल
7. मुक्तिदाता
8. माया
9. चरित्रहीन
10. चक्रव्यूह
11. परिवार
12. प्रेम विवाह
13. वफ़ादार दोस्त
14. जीवन-संघर्ष
15. नारी-शक्ति
16. नारी महिमा
17. अग्निपथ
18. रॉकेट लक्ष्मी
19. अपराध चक्र
20. नारी अस्मिता
21. काला सच
22. धर्मचक्र
23. खुशी
24. जुनून

लेखकसेपत्रव्यवहारकापता : rps1959@gmail.com , मोबाईलनंबर 7000153809

येसभीउपन्यास Notionpress.com, Amazon.in and Flipcart परउपलब्धहैं |

www.ingramcontent.com/pod-product-compliance
Ingram Content Group UK Ltd.
Pitfield, Milton Keynes, MK11 3LW, UK
UKHW040007200726
13854UKWH00001B/91

9 798889 518310